@unzestepourdeux
Léah et Fabier

En 2 zestes et 3 mouvements

100 recettes
en **moins de 20 minutes**
qui en mettent **plein la vue**

Photographies : Blaise Gargadennec
Stylisme : Zoé Armbruster

SOLAR

Un zeste de nous

Nous voici en train d'écrire l'édito de notre livre de recettes, c'est incroyable ! On vous imagine l'avoir entre vos mains et lisant ces mots. Une aventure qui a commencé en couple et qui, grâce à vous, continue aujourd'hui avec des milliers de personnes.

L'idée qu'on se fait de la bonne cuisine est qu'il faut beaucoup d'ingrédients et de temps pour parvenir à se régaler. On espère balayer vos certitudes : c'est un véritable manuel de 100 recettes qui prône le bien manger sans se ruiner et en moins de 20 minutes !

Dans ce livre, vous trouverez des plats pour toutes les occasions : pour un dîner en amoureux improvisé, une soirée entre amis de dernière minute ou juste pour vous régaler en solo après une journée de folie. On a pensé à tout jusqu'aux repas de fête !

Vous retrouverez également certaines de vos recettes préférées provenant de nos réseaux sociaux. Mais surtout beaucoup de recettes inédites !

On doit avouer qu'on s'est bien amusés à concocter ces recettes pour vous. Entre les essais, les ratages (qui sont parfois devenus de véritables succès !) et les fous rires en cuisine, ce livre est aussi le fruit de moments inoubliables. Et nous sommes sincèrement heureux de pouvoir le partager avec vous aujourd'hui !

Léah et **Fabien**

Sommaire

Un zeste de nous ____ 3

Nos petits trucs en plus ____ 6

1 Petits déjeuners & brunchs ____ 8

2 Apéritifs & amuse-bouches ____ 36

3 Plats veggie express ____ 60

4 Plats de viande ou de poisson express ____ 92

5 Desserts et goûters ____ 136

6 Menus de fête ____ 168

Index des ingrédients ____ 184

Index des recettes ____ 189

Table des recettes ____ 190

Nos petits trucs en plus

1 Les ustensiles indispensables

Un couteau éminceur ou « couteau de chef » : c'est l'ustensile indispensable dont vous avez besoin pour couper parfaitement et sans vous fatiguer les légumes, les viandes, les herbes fraîches et les fruits !

La cuillère en bois : pour préparer des œufs, de la viande et des légumes sans rayer les poêles antiadhésives !

La râpe : vous en aurez besoin pour râper du fromage, des zestes d'agrumes, du gingembre, de l'ail. Elle est très utile pour de nombreuses recettes.

Le blender : c'est l'ustensile indispensable pour les préparations de smoothies, veloutés, sauces, dips et bien d'autres encore !

La poêle antiadhésive : elle permet de réduire l'adhérence des aliments, idéale pour cuire les œufs, les poissons et les sauces.

Le pinceau : très utile pour badigeonner vos viandes ou légumes de marinade, pour dorer des pâtes ou encore napper des gâteaux !

2 Les ingrédients de base

Aucun doute, ce sont les ingrédients phares de la cuisine méditerranéenne et donc nos indispensables en cuisine !

L'huile d'olive : c'est la principale source de gras de la cuisine méditerranéenne, et la meilleure huile pour assaisonner nos salades, nos légumes, nos poissons, auxquels elle apporte une saveur particulière. Elle est également idéale pour conserver les aliments de façon naturelle.

L'ail : cet ingrédient universel est un indispensable, tant il nous apporte de saveurs différentes. Haché dans une préparation, confit au four ou écrasé, il saura relever nombre de vos préparations.

Le citron : évidemment, on se doit de le citer, c'est un exhausteur de goût subtil, qui apporte une note d'acidité à nos plats !

Le basilic : un incontournable de la cuisine méditerranéenne. Il s'accorde parfaitement avec l'huile d'olive, dans un pistou ou un pesto. Ou encore avec des pâtes, des légumes, des poissons ou des fromages italiens.

La coriandre : utilisée dans la cuisine d'Afrique du Nord, du Moyen-Orient et d'Asie, elle est un véritable exhausteur de goût.

3 Les astuces qui vous faciliteront la vie en cuisine

Si vous ne disposez pas d'un **presse-ail**, ou que vous n'avez pas le temps de hacher l'ail finement, il vous suffit de couper la gousse d'ail en deux et d'écraser chaque moitié avec les dents d'une fourchette.

Pour extraire un maximum de **jus des agrumes**, plongez-les dans de l'eau bien chaude pendant 5 minutes avant de les presser !

Pour extraire un maximum de saveurs de vos **herbes fraîches**, assaisonnez-les d'une pointe de sucre avant de les hacher.

Pour savoir si **l'huile de friture** est prête pour la cuisson, il suffit de plonger une spatule de bois. Si des petites bulles apparaissent instantanément au bout de la spatule, c'est prêt !

Pour bien réussir ses **blancs en neige**, utilisez des blancs d'œufs pas trop frais et à température ambiante. Avant de les monter, ajoutez une pincée de sucre pour faire entrer l'air dans le mélange, puis battez-les à vitesse moyenne jusqu'à ce qu'ils soient fermes.

Pour râper de la **mozzarella**, il vous suffit de la déposer dans un sac de congélation et de la placer 1 heure au congélateur. À sa sortie, vous pourrez la râper très facilement !

Petits déjeuners
& brunchs

Toasts œuf nuage, avocat et bacon

Pour 2 personnes
Préparation : 10 min
Cuisson : 10 min

- 2 œufs
- 1 avocat
- Le jus de 1 citron
- 2 tranches de bacon
- 2 tranches de pain de campagne
- Fleur de sel

1 Préchauffez le four à 160 °C (th. 5-6). Séparez les jaunes des blancs, conservez les jaunes sans les percer. Battez les blancs en neige ferme et salez.

2 Déposez une feuille de papier cuisson sur une plaque allant au four, formez 2 nuages de blanc d'œuf et creusez un petit puits au centre, enfournez pour 4 minutes. Ajoutez les jaunes d'œufs dans les puits et remettez au four pendant 2 minutes.

3 Écrasez l'avocat, mélangez la chair avec le jus de citron et 1 pincée de fleur de sel. Dans une poêle, faites griller le bacon quelques minutes. Toastez les tranches de pain, étalez l'écrasé d'avocat par-dessus, déposez les œufs nuages, des petits morceaux de bacon et servez bien chaud !

Astuce
Vous pouvez ajouter un peu de piment d'Espelette et de la coriandre pour relever l'écrasé d'avocat !

Frittata italienne

Pour 4 personnes
Préparation : 8 min
Repos : 5 min
Cuisson : 12 min

- 8 œufs
- 12,5 cl d'eau
- 8 feuilles de basilic
- 4 cébettes
- 1 tomate cœur de bœuf
- 200 g de mozzarella râpée
- Huile d'olive
- Sel, poivre

1. Fouettez les œufs avec l'eau, le basilic haché, du sel et du poivre. Épluchez et émincez les cébettes et hachez grossièrement la tomate épépinée.

2. Dans une poêle chaude, versez 1 filet d'huile d'olive, ajoutez les cébettes et faites-les revenir quelques minutes. Ajoutez ensuite les œufs, la mozzarella râpée et la tomate.

3. Baissez le feu et couvrez pendant 12 minutes. Laissez reposer 5 minutes et dégustez !

Astuce
Vous pouvez réaliser cette recette avec d'autres légumes comme des poivrons, des aubergines ou encore des courgettes !

Croque-madame aux épinards

Pour 2 personnes
Préparation : 8 min
Cuisson : 10 min

- 130 g d'épinards
- 60 g de fromage frais
- 4 tranches de pain de mie
- 2 œufs
- Beurre
- Huile d'olive
- Sel, poivre

1 Faites revenir les épinards quelques minutes dans un peu de beurre. Ajoutez le fromage frais, du sel et du poivre.

2 Beurrez les tranches extérieures du pain de mie. Déposez les épinards sur 2 tranches et refermez avec les tranches restantes.

3 Faites-les cuire 4 minutes de chaque côté à feu moyen. Dans une autre poêle chaude, ajoutez 1 filet d'huile d'olive, cassez délicatement les œufs, salez et poivrez.

4 Une fois les œufs sur le plat prêts, déposez-les sur les croque-madame et dégustez !

Astuce
On peut utiliser d'autres sortes de pain, pain de mie complet, pain aux olives ou encore des tranches de pain de campagne !

Brioche perdue au saumon fumé & au halloumi

Pour 2 personnes
Préparation : 5 min
Cuisson : 12 min

- 20 g de sucre en poudre
- 10 cl de lait
- 1 œuf
- 2 belles tranches de brioche
- 10 g de beurre
- 150 g de halloumi
- 2 tranches de saumon fumé
- Ciboulette
- Zeste de citron

1 Dans une assiette creuse, fouettez le sucre avec le lait et l'œuf. Trempez les tranches de brioche dans ce mélange et déposez-les dans une poêle bien chaude avec le beurre.

2 Faites-les cuire 3 minutes par face. Coupez le halloumi en tranches, et dans une poêle chaude, faites-les revenir sans matière grasse. Une fois les tranches de halloumi fondues, déposez-les sur les brioches avec du saumon, de la ciboulette, un peu de zeste de citron et dégustez !

Astuce
Vous pouvez ajouter quelques graines de courge pour plus de croquant !

Smoothie vert énergisant

Pour 2 personnes
Préparation : 5 min

- 1 kiwi
- 1 banane
- 1 avocat
- ¼ de concombre
- 15 g de pousses d'épinard
- 40 cl de jus de pomme
- 3 cm de gingembre râpé

1 Pelez le kiwi et la banane. Coupez l'avocat, le kiwi, le concombre et la banane en morceaux.

2 Dans un blender, placez tous les ingrédients et mixez.

3 C'est prêt, rien de tel pour bien commencer la journée !

Astuce
Pour plus de consistance, vous pouvez ajouter un yaourt nature !

Mousse de yaourt au citron vert & fruits frais

Pour 2 personnes
Préparation : 10 min

- 400 g de yaourt à la grecque
- Zeste de citron vert
- 3 cuil. à soupe de sucre en poudre
- 10 cl de crème liquide froide
- 1 sachet de sucre vanillé
- Fruits de saison (figues, fraises, abricots ou kiwis)
- Miel

1 Fouettez le yaourt avec le zeste de citron vert et le sucre. Fouettez ensuite la crème liquide avec le sucre vanillé en chantilly.

2 Mélangez délicatement ces deux préparations. Répartissez la préparation dans 2 bols, ajoutez des petits morceaux de fruits frais et du miel.

3 Dégustez bien frais !

Astuce
Pour plus de fraîcheur, vous pouvez ajouter un peu de menthe !

Nos œufs brouillés parfaits

Pour 2 personnes
Préparation : 2 min
Cuisson : 15 min

- 4 gros œufs
- 15 g de beurre
- Sel, poivre

1 Battez les œufs avec le sel et le poivre. Faites fondre le beurre dans une poêle. Ajoutez les œufs et baissez le feu sur très doux.

2 Mélangez régulièrement. Une fois que les œufs se détachent (au bout de 15 minutes à peu près), vous pouvez les servir !

Astuce
Pour des œufs encore plus crémeux, vous pouvez ajouter 5 cl de lait dans la préparation.

Egg & bacon muffins

Pour 2 personnes
Préparation : 8 min
Cuisson : 10 min

- 2 muffins complets
- 2 œufs
- 4 tranches de bacon
- 2 tranches de cheddar
- Beurre

1 Préchauffez le four à 180 °C (th. 6). Coupez les muffins complets en deux et toastez-les.

2 Dans une poêle chaude, avec un peu de matière grasse, cassez les œufs afin de réaliser des œufs sur le plat. Dans une autre poêle, mettez le bacon à griller rapidement.

3 Déposez 1 tranche de cheddar sur deux faces des muffins, disposez les tranches de bacon, l'œuf et refermez avec la seconde tranche de muffin.

4 Recouvrez une plaque allant au four de papier cuisson, déposez les muffins dessus et enfournez-les pour 6 minutes. Dégustez sans attendre !

Astuce
Pour varier les plaisirs, vous pouvez ajouter quelques feuilles de mâche ou remplacer le cheddar par du comté !

Grilled cheese au pesto, mozzarella & tomates séchées

Pour 2 personnes
Préparation : 8 min
Cuisson : 8 min

- 4 tranches de pain de mie
- ½ tasse de tomates séchées
- 80 g de mozzarella râpée
- Beurre

Pour le pesto

- 40 g de basilic
- 6 cuil. à soupe d'huile d'olive
- 30 g de pignons de pin
- 40 g de parmesan
- 1 gousse d'ail
- Sel, poivre

1 Mixez les ingrédients du pesto.

2 Beurrez l'extérieur des 4 tranches de pain de mie. Étalez le pesto sur 2 tranches de pain. Répartissez les tomates et la mozzarella sur le pain et refermez avec les 2 tranches restantes.

3 Faites cuire les grilled cheese dans une poêle chaude 3 à 4 minutes de chaque côté, et dégustez sans attendre !

Astuce
Vous pouvez tartiner un beurre aromatisé (à l'ail, au persil ou à l'érable) sur l'extérieur des tranches de pain pour encore plus de saveurs.

1

Smoothie bowl fraises & noisettes express

Pour 2 personnes
Préparation : 5 min

Astuce
Pour un smoothie rafraîchissant, placez le lait au frais la veille.

- 2 bananes
- 4 cuil. à soupe de pâte à tartiner aux noisettes
- 25 cl de lait de noisette
- 2 cuil. à soupe de miel
- 10 fraises
- Granola

Pelez et coupez les bananes en tranches. Dans un blender, mixez les bananes, la pâte à tartiner, le lait de noisette et le miel.

Dans un bol, versez le smoothie, dressez avec les fraises coupées en morceaux, le granola et c'est prêt !

2

Smoothie bowl bananes & kiwis

Pour 2 personnes
Préparation : 5 min

Astuce
Vous pouvez ajouter des graines de chia dans le smoothie afin de faire le plein de fibres !

Pour le smoothie

- 4 yaourts nature
- 4 cuil. à soupe de miel
- 250 g de banane épluchée
- 100 g de kiwi jaune épluché

Pour le topping

- 2 kiwis jaunes
- 2 bananes
- Granola
- Miel

Commencez par mixer tous les ingrédients du smoothie. Pelez et coupez les kiwis et les bananes en tranches.

Dans un bol, déposez le smoothie, et ajoutez par-dessus 2 petites rangées de kiwi, 1 rangée de granola, et finissez avec 2 petites rangées de bananes. Ajoutez un filet de miel et bon appétit !

Macchiato caramel

Pour 2 personnes
Préparation : 5 min
Cuisson : 5 min

- 40 cl de lait
- 2 cafés expressos
- 3 cuil. à soupe de sauce au caramel
- 2 cuil. à café de sucre en poudre
- Chantilly
- Cacao en poudre

1 Faites chauffer le lait. Une fois chaud, versez-le dans des verres. Ajoutez dans chaque verre, 1 expresso, 1 cuillerée à soupe de sauce au caramel et le sucre.

2 Mélangez. Garnissez de chantilly, ajoutez le reste de la sauce au caramel et le cacao puis dégustez aussitôt !

Astuce
On peut décliner le macchiato en remplaçant la sauce au caramel par du sirop à la vanille !

Milk-shake sur le pouce

Pour 2 personnes
Préparation : 5 min

- 2 kiwis
- 1 banane
- 50 cl de lait
- 50 g de céréales

1 Pelez les kiwis et la banane. Mettez dans le bol d'un blender les kiwis, la banane et le lait. Mixez.

2 Ajoutez les céréales et mixez à nouveau. Le petit déjeuner est prêt !

Astuce
Pour une note sucrée, ajoutez 1 cuillerée à soupe de miel !

Petit déjeuner en bocal

Pour 2 personnes
Préparation : 10 min
Cuisson : 15 min

- 2 tranches de pain de mie
- 2 bocaux en verre de taille moyenne
- 1 avocat
- 4 tranches de bacon
- 2 œufs
- Roquette

Pour la sauce

- 2 jaunes d'œufs
- 1 cuil. à soupe de jus de citron
- 100 g de beurre
- Sel, poivre

1. Toastez le pain. À l'aide d'un emporte-pièce, réalisez des disques de pain de mie. Déposez-les au fond des bocaux. Coupez l'avocat en tranches et déposez-les sur le pain.

2. Faites griller le bacon quelques minutes dans une poêle chaude sans matière grasse. Déposez-le sur l'avocat.

3. Préparez les œufs mollets : pour cela, faites bouillir de l'eau dans une casserole, plongez-y les œufs et comptez 6 minutes de cuisson. Passez-les sous l'eau froide pour les écaler plus facilement. Déposez-les dans les bocaux sur le bacon.

4. Préparez la sauce : fouettez, dans une casserole, les jaunes d'œufs avec le jus de citron, du sel et du poivre. Placez la casserole au bain-marie, ajoutez progressivement le beurre en fouettant. Une fois la sauce épaissie, versez-la sur l'œuf dans chaque bocal, refermez, et vous pouvez maintenant déguster votre brunch à l'extérieur !

Astuce
Vous pouvez remplacer le bacon par du saumon et l'assaisonner de ciboulette et de jus de citron !

Crêpes mille trous

Pour 12 à 15 crêpes
Préparation : 5 min
Repos : 5 min
Cuisson : 2 min par crêpe

- 1 cuil. à soupe de levure boulangère déshydratée
- 300 g de semoule très fine
- 1 cuil. à soupe de sucre vanillé
- 620 g d'eau tiède
- 11 g de levure chimique
- ½ cuil. à café d'eau de fleur d'oranger
- 125 g de farine
- 1 pincée de sel
- 1 noisette de beurre

1 Diluez la levure boulangère dans un fond d'eau tiède pendant 5 minutes. À l'aide d'un blender, mixez la semoule, le sucre, l'eau tiède, la levure chimique, l'eau de fleur d'oranger, la farine et le sel. Ajoutez la levure boulangère et mixez à nouveau.

2 Faites chauffer une poêle, ajoutez la noisette de beurre et versez-y une louche de pâte à crêpe. Des trous vont se former à la surface. Cette crêpe ne se cuit que d'un seul côté, vous n'avez pas besoin de la retourner. Servez aussitôt !

Astuce
Pour accompagner vos crêpes mille trous, vous pouvez faire chauffer du miel, de l'eau de fleur d'oranger et du beurre, et verser ce sirop sur les crêpes !

Pancakes à la banane

Pour 10 pancakes
Préparation : 5 min
Cuisson : 1 min 30 par pancake

- 2 bananes bien mûres
- 3 œufs
- 95 g de farine
- Beurre pour la poêle

1 Pelez les bananes, écrasez-les en purée dans un saladier, ajoutez les œufs et mélangez. Incorporez la farine et mélangez à nouveau.

2 Dans une poêle bien chaude et beurrée, versez 1 louche de pâte à pancakes, laissez cuire 45 secondes et retournez. Une fois que le pancake se décolle, c'est prêt.

3 Accompagnez-les d'un délicieux sirop d'érable ou d'une bonne confiture de fraises et régalez-vous !

Astuce
Vous pouvez agrémenter la pâte à pancakes de cannelle ou de poudre de vanille pour plus de saveurs !

Apéritifs
& amuse-bouches

Potatoes toasts à la crème d'avocat & à la scamorza

Pour 16 toasts
Préparation : 7 min
Cuisson : 15 min

- 4 pommes de terre
- Huile d'olive
- 3 avocats bien mûrs
- 2 cuil. à soupe de crème liquide
- Le jus de ½ citron
- Scamorza
- Sel, poivre

1

Préchauffez le four à 210 °C (th. 7). Lavez et brossez les pommes de terre. Coupez-les en tranches pas trop fines. Déposez les pommes de terre sur une plaque allant au four recouverte de papier cuisson. Assaisonnez-les d'huile d'olive, de sel et de poivre. Enfournez pour 15 minutes.

2

Dénoyautez les avocats. Mettez la chair dans un blender avec la crème, le jus de citron, du sel et du poivre. Mixez pour obtenir une texture lisse et homogène. Réalisez des copeaux de scamorza à l'aide d'un Économe.

3

Étalez la crème d'avocats sur les pommes de terre et disposez quelques copeaux de scamorza dessus. C'est prêt !

Astuce
Vous pouvez ajouter des herbes aromatiques dans la crème d'avocat, comme du basilic ou de l'origan.

Feuilletés à la coppa & au pecorino

Pour 8 à 10 feuilletés
Préparation : 5 min
Cuisson : 12 min

- 1 pâte feuilletée
- 3 cuil. à soupe de fromage frais type St Môret®
- 50 g de pecorino râpé
- 8 tranches de coppa
- 10 feuilles de basilic
- 1 jaune d'œuf

1 Préchauffez le four à 205 °C (th. 6-7). Déroulez la pâte feuilletée. Étalez le fromage frais sur la pâte, saupoudrez de pecorino et disposez les tranches de coppa. Parsemez le tout de feuilles de basilic et roulez la pâte sur elle-même en la serrant bien.

2 Badigeonnez le rouleau de jaune d'œuf. Coupez-le en tronçons de 2,5 cm et disposez les feuilletés sur une plaque allant au four recouverte de papier cuisson. Enfournez pour 12 minutes. Servez-les chauds ou tièdes !

Astuce
Vous pouvez remplacer le pecorino par du parmesan !

Crostinis aux tomates & à la burrata

Pour 8 crostinis
Préparation : 5 min
Cuisson : 5 min

- 8 tranches de baguette
- Huile d'olive
- 2 grosses tomates
- 15 feuilles de basilic
- 1 gousse d'ail
- 300 g de burrata
- Sel, poivre

1. Préchauffez le four à 180 °C (th. 6). Sur une plaque allant au four, disposez les tranches de baguette et assaisonnez-les d'huile d'olive. Enfournez pour 5 minutes.

2. Épépinez les tomates et coupez-les en petits morceaux. Ciselez les feuilles de basilic. Mélangez les tomates, la moitié du basilic, du sel et du poivre.

3. Frottez les tranches de pain avec la gousse d'ail épluchée. Répartissez les tomates sur le pain. Ouvrez la burrata, déposez-en 1 cuillerée sur chaque toast, assaisonnez de sel, de poivre et de basilic. Dégustez aussitôt !

Astuce
Vous pouvez ajouter de la chiffonnade de jambon cru sur les crostinis.

Dip betterave & ricotta

Pour 4 à 6 personnes
Préparation : 5 min

Astuce
Accompagnez le dip de toasts ou de gressins !

- 3 betteraves cuites
- 5 cerneaux de noix
- 200 g de ricotta
- 4 cl d'huile d'olive
- 15 feuilles de basilic
- Sel, poivre

Commencez par éplucher et couper les betteraves grossièrement. Concassez les cerneaux de noix. Dans un blender, mixez les betteraves, la ricotta, l'huile d'olive, le basilic (conservez quelques feuilles pour le dressage), du sel et du poivre.

Une fois le mélange bien homogène, dressez-le dans une assiette avec un peu d'huile d'olive, les cerneaux de noix et le basilic !

Dip aubergine & paprika

Pour 4 à 6 personnes
Préparation : 5 min
Cuisson : 10 min

Astuce
Pour une texture plus crémeuse, ajoutez 1 cuillerée à soupe de ricotta.

- 2 aubergines
- 2 tomates
- 2 gousses d'ail
- 3 cuil. à soupe d'huile d'olive
- 1 cuil. à café de paprika
- Persil
- Sel, poivre

Coupez les aubergines en petits morceaux. Plongez-les dans une casserole d'eau bouillante pendant 10 minutes puis égouttez-les. Coupez les tomates en petits morceaux. Pelez et écrasez l'ail.

Dans un blender, mixez les aubergines. Ajoutez les tomates, l'ail, 2 cuillerées à soupe d'huile d'olive, le paprika, du sel et du poivre. Mixez à nouveau.

Ciselez le persil. Dressez dans un bol avec le reste de l'huile d'olive et le persil.

Houmous carotte & curcuma

Pour 4 à 6 personnes
Préparation : 5 min
Cuisson : 15 min

- 400 g de carottes
- 2 gousses d'ail
- 300 g de pois chiches cuits
- Le jus de ½ citron
- 2 cuil. à soupe de crème de sésame
- 1 cuil. à café de cumin
- 1 cuil. à café de curcuma
- 3 cuil. à soupe d'huile de sésame + 1 cuil. à soupe pour le dressage
- 2 brins de coriandre

1 Épluchez et coupez les carottes en petits tronçons, faites-les cuire dans une casserole d'eau bouillante pendant 15 minutes. Égouttez-les.

2 Pelez les gousses d'ail. Placez tous les ingrédients dans un mixeur sauf la coriandre. Mixez jusqu'à obtenir une texture lisse et homogène.

3 Ciselez la coriandre. Dressez le houmous dans un bol, avec l'huile de sésame et la coriandre ciselée.

Astuce
Accompagnez le houmous de pains pita !

Blinis express à la mousse de saumon & à l'avocat

Pour 10 blinis
Préparation : 10 min
Cuisson : 20 min

- 1 œuf
- 100 g de fromage blanc
- 100 g de farine
- 1 cuil. à soupe de levure chimique
- 7 cl de lait
- 200 g + 1 cuil. à soupe de fromage frais
- 125 g de saumon fumé
- Le jus de ½ citron
- 1 avocat bien mûr
- 2 brins d'aneth
- Huile
- Sel, poivre

1 Mélangez l'œuf, le fromage blanc, la farine, la levure, le lait, du sel et du poivre. Dans une poêle chaude huilée, versez 1 petite louche de pâte, laissez cuire pendant 2 minutes de chaque côté.

2 Dans le bol d'un mixeur, mettez le fromage frais, le saumon fumé et le jus de citron. Mixez.

3 Dénoyautez et pelez l'avocat puis mixez-le avec la cuillerée à soupe de fromage frais et l'aneth.

4 Dressez les blinis à l'aide d'une poche à douille ou d'une cuillère, en commençant par la mousse de saumon et en terminant par la mousse d'avocat. Dégustez aussitôt !

Astuce
Vous pouvez mixer l'avocat et le saumon ensemble et ne déposer qu'une seule mousse sur les blinis.

Sucrines aux crevettes caramélisées

Pour 8 toasts
Préparation : 5 min
Marinade : 5 min
Cuisson : 5 min

- 16 crevettes cuites décortiquées
- 8 feuilles de sucrine
- 3 brins de ciboulette

Pour la marinade

- 4 cuil. à soupe de sauce soja
- 2 cuil. à soupe de miel
- 3 cuil. à soupe d'huile de sésame
- 2 cuil. à soupe de graines de sésame
- Sel, poivre

1 Préparez la marinade : dans un saladier, mélangez la sauce soja, le miel, l'huile de sésame, les graines de sésame, du sel et du poivre.

2 Faites mariner les crevettes dans le saladier pendant quelques minutes. Dans une poêle chaude, faites revenir les crevettes avec la marinade pendant 5 minutes à feu vif.

3 Disposez 2 crevettes sur chaque feuille de sucrine. Ciselez la ciboulette et parsemez-en sur les crevettes. Dégustez aussitôt !

Astuce
Vous pouvez agrémenter les sucrines de quelques légumes grillés (courgettes, poivrons, aubergines).

Mini-pissaladières

Pour 6 mini-pissaladières
Préparation : 5 min
Cuisson : 20 min

- 2 oignons
- 2 cuil. à soupe d'huile d'olive
- 1 pâte feuilletée
- 6 olives noires
- 12 filets d'anchois

1 Préchauffez le four à 210 °C (th. 7). Épluchez et émincez les oignons très finement. Faites-les revenir pendant 5 minutes dans une poêle chaude avec de l'huile d'olive.

2 À l'aide d'un emporte-pièce, découpez 6 disques de pâte feuilletée. Foncez de pâte des moules à tartelette.

3 Coupez les olives noires en deux. Garnissez chaque tartelette avec les oignons, 2 filets d'anchois et 2 moitiés d'olive.

4 Enfournez pour 15 minutes. Démoulez et dégustez tiède !

Astuce
Vous pouvez faire revenir les oignons avec 1 cuillerée à soupe de sucre, pour les caraméliser légèrement.

Crème d'olives, ricotta & basilic

Pour 4 à 6 personnes
Préparation : 5 min

- 500 g d'olives vertes dénoyautées
- 200 g de ricotta
- 5 cl d'huile d'olive + 1 cuil. à soupe pour le dressage
- Le jus de ½ citron
- 15 feuilles de basilic
- 1 gousse d'ail
- Sel, poivre

1. Placez tous les ingrédients dans le bol d'un mixeur, en conservant quelques feuilles de basilic. Mixez jusqu'à obtenir une texture onctueuse.

2. Dressez dans un bol, avec de l'huile d'olive et quelques feuilles de basilic !

Astuce
Pour une crème avec plus de caractère, ajoutez quelques filets d'anchois.

Fleurs de courgette farcies à la ricotta

Pour 8 fleurs de courgettes
Préparation : 7 min
Cuisson : 12 min

- 280 g de ricotta
- 70 g de pecorino
- 7 feuilles de basilic
- Le zeste de 1 citron jaune
- 8 fleurs de courgette
- 1 cuil. à soupe d'huile d'olive
- Sel, poivre

1 Préchauffez le four à 180 °C (th. 6). Dans un saladier, mettez la ricotta, le pecorino, le basilic, le zeste de citron jaune, du sel et du poivre. Fouettez la préparation vivement.

2 Retirez les pistils des fleurs de courgette. Farcissez les fleurs de la préparation à l'aide d'une petite cuillère et refermez-les.

3 Badigeonnez les fleurs de courgette d'huile d'olive. Déposez-les sur une plaque allant au four recouverte de papier cuisson. Enfournez pour 12 minutes.

Astuce
Vous pouvez remplacer le pecorino par du parmesan.

Mini-brochettes de poulet & d'ananas

Pour 10 brochettes
Préparation : 8 min
Cuisson : 10 min

- 3 tranches d'ananas en boîte
- 300 g de blancs de poulet
- 4 cl de sauce soja
- 5 cl de sauce aigre-douce
- 1 pincée de piment de Cayenne
- 1 cuil. à soupe de graines de sésame
- Huile de tournesol

1. Coupez les tranches d'ananas en cubes. Coupez le poulet en cubes également. Sur des piques à brochettes, intercalez les morceaux d'ananas et de poulet.

2. Mélangez la sauce soja avec la sauce aigre-douce, le piment de Cayenne et les graines de sésame.

3. Dans une poêle chaude avec de l'huile de tournesol, déposez les brochettes, faites-les cuire pendant 5 minutes. Ajoutez la sauce, poursuivez la cuisson pendant 5 minutes.

4. Servez les brochettes chaudes ou froides !

Astuce
Pour plus de saveurs, vous pouvez faire mariner le poulet dans la sauce au réfrigérateur.

Gaspacho de fraises & tomates

Pour 4 personnes
Préparation : 7 min
Cuisson : 30 s

- 500 g de tomates mûres
- 200 g de fraises
- 3 brins de basilic
- 1 cuil. à soupe de vinaigre balsamique
- 1 cuil. à soupe d'huile d'olive
- 3 gouttes de Tabasco®
- Sel, poivre

1 Mondez les tomates : plongez-les pendant 30 secondes dans une casserole d'eau bouillante et 30 secondes dans un saladier d'eau très froide (avec des glaçons idéalement), afin de retirer la peau des tomates plus facilement. Épépinez-les. Coupez-les en morceaux.

2 Équeutez les fraises. Dans le bol d'un blender, mettez les tomates, les fraises et le basilic (conservez quelques fraises et des feuilles de basilic pour le dressage), le vinaigre, l'huile d'olive, le Tabasco®, du sel et du poivre. Mixez.

3 Versez la préparation dans 4 verres, ajoutez quelques fraises et des feuilles de basilic. Dégustez bien frais !

Astuce
Vous pouvez le préparer la veille et le réserver au réfrigérateur.
Le gaspacho sera ainsi très frais !

1 Cocktail ananas, citron & gingembre

Pour 4 à 6 verres
Préparation : 7 min

Astuce
Pour décorer le verre, trempez le bord dans du sirop d'ananas puis dans du sucre.

- 4 cm de gingembre
- 320 g d'ananas en boîte
- 2 cuil. à soupe de sucre de canne liquide
- 1 l d'eau
- Le jus de 1 citron jaune
- Le jus de 1 citron vert
- Glaçons

Dans le bol d'un mixeur, mettez le gingembre et les ananas. Mixez. Passez la préparation au chinois pour retirer la pulpe.

Dans un récipient, mélangez le jus d'ananas et de gingembre avec le sucre de canne liquide, l'eau, le jus de citron jaune et du citron vert. Servez bien frais, avec des glaçons, dans des verres à cocktail !

2 Cocktail de pastèque à la menthe

Pour 4 verres
Préparation : 5 min

Astuce
Vous pouvez également ajouter du melon !

- 500 g de pastèque
- 15 feuilles de menthe
- 5 cl de miel
- Glaçons

Coupez la pastèque en deux, retirez les pépins et prélevez la chair.

Dans un blender, déposez la chair de la pastèque, les feuilles de menthe et le miel. Mixez.

Servez dans 4 verres à cocktail avec des glaçons !

Plats veggie express

Tarte fine aux tomates & au pesto de roquette

Pour 4 personnes
Préparation : 8 min
Cuisson : 20 min

- 1 pâte feuilletée rectangulaire
- 6 tomates colorées (vertes, jaunes, rouges)
- 6 feuilles de basilic
- Huile d'olive
- Sel, poivre

Pour le pesto de roquette

- 1 gousse d'ail
- 80 g de roquette
- 10 cuil. à soupe d'huile d'olive
- 1 cuil. à soupe de pignons de pin
- 12 feuilles de basilic
- 50 g de parmesan râpé
- Sel

Astuce
Vous pouvez utiliser des tomates cerises pour remplacer les tomates classiques !

1 Préchauffez le four à 190 °C (th. 6-7). Étalez la pâte feuilletée sur une plaque allant au four recouverte de papier cuisson. Coupez les tomates en tranches.

2 Pelez la gousse d'ail puis mixez les ingrédients du pesto.

3 Étalez le pesto sur la pâte feuilletée jusqu'à 1 cm du bord. Disposez les tomates en rangées sur le pesto. Versez 1 filet d'huile d'olive et assaisonnez avec du sel et du poivre. Enfournez pour 20 minutes.

4 Sortez la tarte du four et disposez les feuilles de basilic dessus avant de servir.

Galettes de flocons d'avoine aux légumes

Pour 6 galettes
Préparation : 10 min
Cuisson : 4 min par galette

- 5 cuil. à soupe de crème de soja
- 8 cuil. à soupe de flocons d'avoine
- 1 carotte
- 1 courgette
- 1 cuil. à soupe de farine
- Huile d'olive
- Sel, poivre

1 Dans un bol, versez la crème de soja, les flocons d'avoine et laissez-les gonfler quelques minutes.

2 Épluchez les légumes, puis râpez-les. Incorporez les flocons d'avoine et la farine. Salez et poivrez.

3 Dans une poêle chaude, mettez 1 filet d'huile d'olive. Versez 1 cuillerée de la préparation, aplatissez-la pour former une galette. Faites cuire à feu vif pendant 2 minutes de chaque côté. Répétez l'opération jusqu'à épuisement des ingrédients.

4 C'est prêt, vous n'avez plus qu'à déguster les galettes avec une bonne salade et éventuellement un petit nuage de crème parsemé de basilic.

Astuce
C'était la recette fétiche de ma grand-mère pour nous faire manger plus de légumes ! Vous pouvez varier les plaisirs en remplaçant les courgettes par des champignons.

Poireaux grillés, vinaigrette aux agrumes & œuf mollet

Pour 2 personnes
Préparation : 5 min
Cuisson : 18 min

- 4 petits blancs de poireaux
- 20 g de beurre
- 2 œufs
- 7 cuil. à soupe d'huile d'olive
- Le jus de 1 pamplemousse
- Le jus de ½ citron
- Sel, poivre

1

Faites cuire les blancs de poireaux dans de l'eau bouillante salée pendant 7 minutes. Égouttez-les et coupez-les en deux dans la longueur. Finissez la cuisson des poireaux dans une poêle chaude avec le beurre à feu vif pendant 5 minutes.

2

Faites cuire les œufs dans une casserole d'eau bouillante pendant 6 minutes et écalez-les. Dans un bol, préparez la sauce : mélangez l'huile d'olive, le jus de pamplemousse, le jus de citron, du sel et du poivre.

3

Dressez les poireaux dans 2 assiettes, déposez l'œuf mollet sur les poireaux et assaisonnez avec la vinaigrette.

Astuce
Vous pouvez également couper les poireaux en tronçons et les faire griller à la poêle une dizaine de minutes sur les deux faces !

Penne aux épinards & aux tomates séchées

Pour 2 personnes
Préparation : 5 min
Cuisson : 10 min

- 200 g de penne
- 1 oignon rouge
- 1 gousse d'ail
- 125 g de tomates séchées
- 20 cl de crème liquide
- 100 g de pousses d'épinard
- 40 g de mozzarella râpée
- Feuilles de basilic
- Huile d'olive
- Sel, poivre

1 Faites cuire les pâtes en suivant les indications mentionnées sur le paquet. Épluchez et ciselez l'oignon rouge et la gousse d'ail. Faites-les revenir dans une poêle chaude avec un peu d'huile d'olive.

2 Ajoutez les tomates séchées, laissez cuire pendant 2 minutes puis ajoutez la crème et les épinards. Poursuivez la cuisson pendant 5 minutes.

3 Une fois les épinards réduits, mélangez bien et ajoutez les pâtes. Laissez les pâtes chauffer pendant 2 minutes, ajoutez la mozzarella râpée et servez aussitôt avec des feuilles de basilic !

Astuce
Vous pouvez ajouter de la coppa ou de la pancetta !

Mac & cheese caprese

Pour 4 personnes
Préparation : 5 min
Cuisson : 15 min

- 400 g de macaronis
- 30 g de beurre
- 30 g de farine
- 50 cl de crème fraîche
- 100 g de mozzarella râpée
- 165 g de tomates séchées
- 15 feuilles de basilic
- 40 g de parmesan râpé

1 Préchauffez le four à 220 °C (th. 7-8). Faites cuire les macaronis en suivant les indications mentionnées sur le paquet. Égouttez-les. Faites chauffer le beurre dans une grande poêle en fonte allant au four, ajoutez la farine, mélangez. Ajoutez la crème fraîche puis, au bout de 2 minutes, incorporez la mozzarella râpée.

2 Une fois que le fromage est fondu, ajoutez les tomates séchées, le basilic et les pâtes. Mélangez. Parsemez de parmesan et enfournez pour 8 minutes. Dressez dans 2 assiettes avec une petite salade !

Astuce
Vous pouvez ajouter des épinards frais en même temps que les tomates séchées, pour ajouter des légumes !

Spaghettis sauce Alfredo

Pour 2 personnes
Préparation : 5 min
Cuisson : 12 min

- 200 g de spaghettis
- 2 gousses d'ail
- 2 brins de persil
- 10 g de beurre
- 1 cuil. à soupe de farine
- 25 cl de crème fraîche liquide
- 25 g de parmesan râpé

1. Faites cuire les pâtes en suivant les indications mentionnées sur le paquet puis égouttez-les.

2. Pelez et écrasez les gousses d'ail. Ciselez le persil. Faites fondre le beurre dans une casserole à feu doux. Ajoutez l'ail. Laissez cuire pendant 2 minutes.

3. Ajoutez la farine, mélangez et laissez cuire quelques minutes. Ajoutez la crème liquide, fouettez vivement. Portez à ébullition à feu doux, tout en mélangeant. Ajoutez le persil ciselé.

4. Hors du feu, ajoutez le parmesan et mélangez. Versez la sauce sur les spaghettis, mélangez et répartissez le tout dans 2 assiettes creuses. Bon appétit !

Astuce
Vous pouvez ajouter un peu de paprika pour épicer la sauce !

Rigatonis aux oignons caramélisés

Pour 2 personnes
Préparation : 5 min
Cuisson : 15 min

- 200 g de rigatonis
- 2 oignons
- 1 noisette de beurre
- 15 cl de bouillon de légumes
- 8 cl de crème liquide
- 40 g de mozzarella râpée
- 4 brins de persil

1 Faites cuire les rigatonis en suivant les indications mentionnées sur le paquet. Égouttez-les. Épluchez et émincez finement les oignons.

2 Dans une poêle chaude, faites fondre le beurre et ajoutez les oignons. Laissez cuire pendant 8 minutes en mélangeant. Ajoutez le bouillon puis portez à ébullition.

3 Versez la crème et la mozzarella râpée. Mélangez puis ajoutez les pâtes. Répartissez le tout dans 2 assiettes creuses avec du persil !

Astuce
Émincez les oignons le plus finement possible, ils cuiront ainsi plus vite.

Salade grecque à la feta panée

Pour 2 personnes
Préparation : 15 min
Cuisson : 4 min

- 1 bloc de feta (200 g)
- 40 g de farine
- 1 œuf
- 80 g de chapelure
- 5 cuil. à soupe d'huile d'olive
- 1 oignon rouge
- 1 concombre
- 1 poivron vert
- 15 tomates cerises
- 1 tasse d'olives noires
- Salade romaine
- Origan
- Sel, poivre

Pour la sauce

- 5 cuil. à soupe d'huile d'olive
- Le jus de ½ citron
- 1 cuil. à soupe de vinaigre de vin rouge

1 Enrobez la feta de farine puis passez-la dans l'œuf battu et enfin dans la chapelure.

2 Faites chauffer l'huile d'olive et faites frire la feta pendant 2 minutes de chaque côté. Égouttez-la sur du papier absorbant, puis coupez-la en tranches.

3 Épluchez et émincez l'oignon finement. Coupez le concombre en dés. Épépinez le poivron et coupez-le en lanières. Coupez les tomates cerises en deux.

4 Dans un bol, mélangez les ingrédients de la sauce. Dans un saladier, versez les tomates, le poivron, l'oignon, le concombre, les olives noires, la salade romaine préalablement lavée et égouttée, la sauce, du sel et du poivre. Mélangez le tout.

5 Répartissez la salade dans 2 assiettes et servez avec la feta panée !

Astuce
Vous pouvez couper la feta en cubes, et les faire frire individuellement.

Notre salade aux légumes du soleil

Pour 2 personnes
Préparation : 10 min
Cuisson : 10 min

- 1 poivron rouge
- 1 courgette
- 1 aubergine
- 1 oignon rouge
- 15 olives noires dénoyautées
- 100 g de feta
- 10 feuilles de basilic
- Huile d'olive
- Sel, poivre

Pour la vinaigrette

- 3 cuil. à soupe d'huile d'olive
- 1 cuil. à soupe de vinaigre balsamique
- Sel, poivre

1 Préchauffez le gril du four à 180 °C (th. 6). Coupez le poivron en fines lanières. Coupez la courgette et l'aubergine en cubes. Épluchez et coupez l'oignon rouge en quatre.

2 Assaisonnez les légumes d'huile d'olive et de sel. Placez-les sur une grille allant au four. Enfournez pour 10 minutes.

3 Dans un bol, mélangez les ingrédients de la vinaigrette. Dans un saladier, mélangez les légumes grillés, les olives noires et la feta émiettée. Ajoutez le basilic et la vinaigrette.

Astuce
Vous pouvez également ajouter des crudités tels que des concombres ou des tomates, pour plus de fraîcheur.

Soupe glacée de tomates à la burrata

Pour 2 personnes
Préparation : 10 min
Cuisson : 30 s
Repos : 10 min

- 800 g de tomates bien mûres
- 1 oignon rouge
- 1 gousse d'ail
- 2 brins de basilic
- 1 brin de persil
- 3 cl d'huile d'olive
- Burrata
- Sel, poivre

1 Mondez les tomates : plongez-les pendant 30 secondes dans une casserole d'eau bouillante puis 30 secondes dans un saladier d'eau très froide (avec des glaçons idéalement), afin de retirer la peau plus facilement.

2 Épépinez les tomates. Coupez-les en petits morceaux. Pelez et ciselez l'oignon rouge. Pelez la gousse d'ail et hachez-la finement.

3 Dans un blender, mixez les tomates, l'oignon rouge, l'ail, les feuilles du basilic (réservez-en quelques-unes pour le dressage), le persil, l'huile d'olive, du sel et du poivre.

4 Versez la soupe dans 2 bols et placez-les au congélateur de 10 à 15 minutes. Au moment de dresser, déposez des morceaux de burrata au centre, avec quelques feuilles de basilic et un tour de poivre !

Astuce
Vous pouvez ajouter 1 cuillerée à soupe de sucre en poudre pour l'adoucir !

Soupe de carottes au cumin

Pour 2 personnes
Préparation : 5 min
Cuisson : 15 min

- 250 g de carottes
- 30 cl de bouillon de légumes
- 1 cuil. à café de cumin
- 1 pincée de cannelle
- 1 pincée de piment de Cayenne
- 10 cl de crème liquide
- Persil pour la déco
- Sel, poivre

1 Épluchez et coupez les carottes en petits tronçons. Dans une casserole, mettez les carottes, le bouillon et portez à ébullition pendant 15 minutes.

2 Mixez le bouillon avec les carottes, ajoutez les épices et la crème (réservez 1 filet de crème pour le dressage).

3 Dressez dans 2 bols avec 1 filet de crème et du persil !

Astuce
Vous pouvez ajouter 2 gousses d'ail écrasées aux carottes pour plus de saveurs !

Omelette aux courgettes, feta & menthe

Pour 2 personnes
Préparation : 5 min
Cuisson : 10 min

- 1 courgette
- 6 œufs
- 2 brins de menthe
- 10 g de beurre
- 70 g de feta
- Huile d'olive
- Sel, poivre

1 Coupez la courgette en tout petits morceaux. Faites-les revenir pendant 5 minutes dans une poêle chaude avec de l'huile d'olive.

2 Dans un bol, battez les œufs avec du sel et du poivre. Ciselez la menthe. Dans une poêle chaude et bien beurrée, répartissez les œufs. Laissez cuire pendant 1 minute puis utilisez une spatule pour racler les bords.

3 Ajoutez la feta émiettée, les courgettes et la menthe sur l'omelette. Rabattez les bords sur la garniture. Poursuivez la cuisson 2 à 3 minutes.

4 Coupez l'omelette en deux et dressez dans 2 assiettes. Bon appétit !

Astuce
Utilisez une poêle antiadhésive et beurrez-la pour éviter que l'omelette accroche.

Tofu teriyaki au brocoli et riz thaï

Pour 2 personnes
Préparation : 5 min
Cuisson : 15 min

- 150 g de riz thaï
- 250 g de tofu ferme
- 1 oignon
- 250 g de fleurettes de brocoli
- 3 cuil. à soupe de sauce soja
- 1 cuil. à soupe de sauce nuoc-mâm
- 2 cuil. à soupe d'huile de sésame
- 1 cuil. à soupe de cassonade
- ½ cuil. à café de sauce sriracha
- 1 cuil. à soupe de graines de sésame

1. Faites cuire le riz thaï en suivant les indications mentionnées sur le paquet. Égouttez-le. Coupez le tofu en cubes. Épluchez et émincez l'oignon.

2. Dans un bol, mélangez la sauce soja, la sauce nuoc-mâm, l'huile de sésame, la cassonade et la sauce sriracha.

3. Dans une poêle chaude, mettez les oignons et les brocolis, versez la sauce. Laissez cuire pendant 9 minutes. Ajoutez le tofu et prolongez la cuisson pendant 6 minutes.

4. Dressez dans chaque assiette le riz, le tofu aux brocolis et parsemez le tout de graines de sésame !

Astuce
Gardez les brocolis légèrement croquants pour plus de texture !

Ramen express

Pour 2 personnes
Préparation : 7 min
Cuisson : 14 min

- 6 champignons shiitakés
- 2 choux pak-choï
- 180 g de nouilles udon
- 2 œufs
- 1 gousse d'ail
- 1 oignon
- 2 cm de gingembre frais
- 1 cuil. à soupe d'huile de sésame
- 2 cuil. à soupe de pâte miso
- 1 cuil. à soupe de sauce soja
- 70 cl de bouillon de légumes
- Graines de sésame

1 Coupez les shiitakés et les pak-choï en morceaux. Faites cuire les udon en suivant les indications mentionnées sur le paquet. Préparez les œufs mollets en les faisant cuire pendant 6 minutes dans une casserole d'eau bouillante.

2 Pelez l'ail et coupez-le finement. Épluchez l'oignon et le gingembre et émincez-les finement. Faites-les revenir dans une sauteuse avec l'huile de sésame. Ajoutez la pâte miso, la sauce soja et le bouillon de légumes. Mélangez bien. Une fois que le bouillon frémit, ajoutez les légumes. Laissez cuire pendant 8 minutes.

3 Dressez dans 2 bols le bouillon, les légumes, les nouilles udon et les œufs mollets écalés et coupés en deux. Parsemez de graines de sésame et dégustez aussitôt !

Astuce
Vous pouvez ajouter les légumes de votre choix (des bâtonnets de carotte par exemple) !

Salade shirazi en pain pita

Pour 2 personnes
Préparation : 12 min

- 2 tomates fraîches
- 1 concombre
- 1 petit poivron vert
- 1 oignon rouge
- 2 brins de persil
- 1 brin de menthe
- 2 cuil. à soupe d'huile d'olive
- Le jus de ½ citron
- 1 yaourt à la grecque
- 2 pains pita
- Sel

1. Coupez en tout petits morceaux les tomates et le concombre. Épépinez le poivron vert, coupez-le en petits morceaux. Épluchez l'oignon rouge et ciselez-le finement. Hachez le persil et la menthe.

2. Réservez la moitié du persil. Dans un saladier, versez les tomates, le concombre, le poivron, l'oignon, le persil et la menthe. Ajoutez l'huile d'olive, le jus de citron et du sel. Mélangez.

3. Dans un bol, mélangez le yaourt à la grecque avec la moitié du persil. Ouvrez les pains pita, étalez le yaourt à la grecque et la salade shirazi dedans puis dégustez aussitôt !

Astuce
Pour relever la salade, vous pouvez remplacer le poivron vert par un piment vert !

Bánh mi

Pour 2 personnes
Préparation : 10 min
Marinade : 10 min
Cuisson : 2 min

- 1 carotte
- 1 concombre
- 250 g de tofu ferme
- 1 cuil. à soupe d'huile de sésame
- 3 cuil. à soupe de mayonnaise
- ½ cuil. à café de sauce sriracha
- 1 baguette

Pour la marinade

- 7 cl de vinaigre de riz
- 5 cl d'eau
- 1 cuil. à soupe d'huile de sésame
- 1 cuil. à soupe de miel
- 4 brins de coriandre
- Sel

Astuce
Vous pouvez remplacer le tofu par du poulet ou de la dinde.

1 Mélangez les ingrédients de la marinade. Épluchez et coupez la carotte et le concombre en bâtonnets. Coupez le tofu en tranches. Déposez les ingrédients dans un récipient, arrosez avec la marinade et réservez pendant 10 minutes.

2 Retirez le tofu de la marinade et snackez-le dans une poêle chaude avec l'huile de sésame à feu vif 1 minute de chaque côté. Mélangez la mayonnaise et la sauce sriracha.

3 Coupez la baguette en deux et ouvrez-la en sandwich. Étalez la mayonnaise sur le pain, disposez les légumes marinés, le tofu snacké et dégustez aussitôt !

Nouilles sautées au tofu & sauce cacahuète

Pour 2 personnes
Préparation : 10 min
Cuisson : 6 min

- 200 g de nouilles de blé
- 1 cébette
- 1 gousse d'ail
- 5 cl de sauce soja
- 2 cuil. à soupe de beurre de cacahuète
- 2 cuil. à soupe d'huile de sésame
- 1 cuil. à soupe de vinaigre de riz
- 1 cuil. à soupe de miel
- 1/3 de tasse de cacahuètes
- 5 brins de ciboulette
- 200 g de tofu ferme

1. Faites cuire les nouilles en suivant les indications mentionnées sur le paquet. Épluchez et ciselez la cébette et l'ail.

2. Dans un bol, mélangez la sauce soja, le beurre de cacahuète, l'huile de sésame, le vinaigre de riz et le miel. Hachez grossièrement les cacahuètes et ciselez la ciboulette.

3. Coupez le tofu en dés. Dans une sauteuse, faites revenir la cébette, l'ail et le tofu pendant 5 minutes. Ajoutez les nouilles et déglacez avec la sauce cacahuète.

4. Laissez cuire 1 minute et dressez dans 2 assiettes avec les cacahuètes concassées et la ciboulette ciselée !

Astuce
Vous pouvez arroser le plat de jus de citron vert et poser un petit quartier de citron au centre.

Plats de viande ou de poisson express

Rigatonis à la crème d'aubergine, pancetta & stracciatella

Pour 2 personnes
Préparation : 6 min
Cuisson : 15 min

- 200 g de rigatonis
- 1 aubergine
- 6 cuil. à soupe de crème liquide
- 1 gousse d'ail
- 20 g de parmesan
- 2 cuil. à soupe d'huile d'olive
- 2 brins de basilic
- 90 g de pancetta coupée en dés
- 150 g de stracciatella

1 Faites cuire les pâtes comme indiqué sur le paquet et égouttez-les. Coupez l'aubergine en petits morceaux. Plongez-les dans une casserole d'eau bouillante pendant 9 minutes puis égouttez-les.

2 Mixez l'aubergine dans un blender avec la crème, la gousse d'ail pelée, le parmesan, l'huile d'olive et quelques feuilles de basilic.

3 Dans une poêle chaude, faites revenir la pancetta à feu moyen 3 à 4 minutes. Ajoutez les pâtes et la crème d'aubergine. Mélangez pendant 2 minutes à feu doux.

4 Répartissez les rigatonis dans 2 assiettes creuses, ajoutez la stracciatella, le reste du basilic et dégustez aussitôt !

Astuce
Vous pouvez ajouter un peu de ricotta à la crème d'aubergine, pour plus de saveurs italiennes !

Tarte Tatin pêche & jambon cru

Pour 4 personnes
Préparation : 7 min
Cuisson : 18 min

- 6 pêches
- Miel
- 4 tranches de jambon cru
- 1 pâte feuilletée
- Origan
- Sel, poivre

1 Préchauffez le four à 200 °C (th. 6-7). Coupez les pêches en tranches. Sur une plaque allant au four recouverte de papier cuisson, réalisez un grand cercle de miel.

2 Disposez les pêches en rosace, assaisonnez de sel, de poivre et d'origan. Déposez les tranches de jambon cru sur les pêches et recouvrez le tout avec la pâte feuilletée. Piquez la pâte avec une fourchette et enfournez pour 18 minutes.

3 Laissez légèrement tiédir et retournez la tarte Tatin. C'est prêt !

Astuce
En retirant le jambon cru, le sel et le poivre, cette tarte Tatin peut devenir un dessert !

Porc sauté sauce satay

Pour 2 personnes
Préparation : 5 min
Cuisson : 12 min

- 10 cl de lait de coco
- ½ cuil. à café de pâte de curry vert
- 50 g de beurre de cacahuète
- 1 cuil. à café de miel
- 1 cuil. à café de cumin
- Le jus de ½ citron vert
- 250 g de sauté de porc
- 1 cuil. à soupe d'huile d'arachide
- 1 brin de coriandre

1. Dans une poêle bien chaude, mettez le lait de coco, la pâte de curry vert, le beurre de cacahuète, le miel, le cumin et le jus de citron. Faites chauffer pendant 5 minutes.

2. Coupez le sauté de porc en petits morceaux et faites-les revenir dans une poêle avec l'huile d'arachide. Laissez cuire 5 à 6 minutes et ajoutez le sauté.

3. Dressez le porc dans 2 assiettes avec de la coriandre ciselée.

Astuce
Vous pouvez accompagner ce plat de riz ou de petits légumes.

Aiguillettes de canard au balsamique & tagliatelles

Pour 2 personnes
Préparation : 5 min
Cuisson : 15 min

- 200 g de tagliatelles fraîches
- 2 échalotes
- 1 noisette de beurre
- 6 aiguillettes de canard
- 1 cuil. à soupe de sucre en poudre
- 2 cuil. à soupe de vinaigre balsamique
- 10 cl de crème fraîche
- 1 cuil. à soupe de moutarde
- Sel, poivre

1 Faites cuire les tagliatelles en suivant les indications mentionnées sur le paquet puis égouttez-les. Épluchez et émincez finement les échalotes. Dans une poêle chaude, faites revenir le beurre, ajoutez les aiguillettes de canard. Faites-les colorer pendant 3 minutes puis réservez-les.

2 Dans la même poêle, mettez les échalotes, faites-les revenir pendant 5 minutes. Ajoutez le sucre et le vinaigre en mélangeant bien. Remettez les aiguillettes à cuire pendant quelques minutes et réservez-les à nouveau. Déglacez avec la crème et la moutarde, laissez chauffer 2 minutes.

3 Dressez les aiguillettes de canard dans 2 assiettes, nappez-les de sauce et accompagnez-les de tagliatelles.

Astuce
Pour une viande tendre, pensez à dénerver les aiguillettes de canard.

Aiguillettes de poulet au cumin & patates douces rôties

Pour 2 personnes
Préparation : 7 min
Cuisson : 15 min

- 2 patates douces
- 1 oignon
- 2 cuil. à café de paprika
- 200 g d'aiguillettes de poulet
- 1 cuil. à café de cumin
- Piment d'Espelette
- 2 brins de persil
- Huile d'olive
- Sel, poivre

1. Préchauffez le four à 210 °C (th. 7). Épluchez les patates douces, coupez-les en fins bâtonnets. Épluchez l'oignon et émincez-le. Dans un saladier, mélangez les patates douces, l'oignon, 1 cuillerée à café de paprika, de l'huile d'olive, du sel et du poivre.

2. Dans un autre saladier, mélangez les aiguillettes de poulet avec de l'huile d'olive, le cumin, le reste du paprika, le piment d'Espelette, du sel et du poivre. Dans un plat allant au four, déposez les patates douces et les aiguillettes de poulet. Enfournez pour 15 minutes.

3. Ciselez le persil. Dressez les patates douces et les aiguillettes de poulet dans 2 assiettes avec le jus de cuisson et le persil !

Astuce
Mélangez à mi-cuisson pour avoir une cuisson homogène.

Soupe de nouilles au poulet épicé

Pour 2 personnes
Préparation : 8 min
Cuisson : 14 min

- 1 carotte
- 1 blanc de poireau
- 1 petit piment vert
- 2 cm de gingembre
- 200 g de blancs de poulet
- 2 cuil. à soupe d'huile de sésame
- 1 cuil. à café de curry
- 1 bâton de citronnelle
- 20 cl de lait de coco
- 50 cl de bouillon de poulet
- 180 g de nouilles udon
- 4 brins de coriandre

1 Épluchez et coupez la carotte en fines rondelles. Coupez finement le poireau. Épépinez le piment, émincez-le. Épluchez et émincez finement le gingembre. Coupez le poulet en dés.

2 Dans une sauteuse, mettez l'huile de sésame, le piment, le gingembre et le curry. Ajoutez le poulet et faites cuire à feu moyen pendant 3 minutes. Ajoutez le poireau, les carottes et le bâton de citronnelle fendu en deux. Versez le lait de coco et le bouillon, laissez cuire pendant 5 minutes.

3 Ajoutez les udon et poursuivez la cuisson pendant 6 minutes. Ciselez la coriandre.

4 Dressez la soupe dans 2 bols et parsemez-la de coriandre. C'est prêt !

Astuce
Vous pouvez ajouter des petits champignons noirs à la soupe.

Bourek poulet & crème de curry

Pour 6 bourek
Préparation : 10 min
Cuisson : 12 min

- 1 gousse d'ail
- 8 brins de persil
- 200 g de blancs de poulet
- 10 cl de crème liquide
- 2 cuil. à café de curry
- 6 feuilles de brick
- 15 g de beurre + 1 noisette pour la cuisson
- 75 cl d'huile de friture

1 Pelez et hachez la gousse d'ail. Hachez grossièrement le persil. Coupez le poulet très finement en lamelles, faites-les revenir quelques minutes dans une poêle chaude avec un peu de matière grasse. Ajoutez la crème, le curry, le persil, l'ail et laissez cuire 2 minutes.

2 Déposez un peu de garniture sur 1 feuille de brick, pliez les deux extrémités de la feuille et enroulez le bourek en serrant bien les deux côtés. Badigeonnez-le de beurre fondu pour le fermer. Renouvelez l'opération pour chaque bourek. Faites chauffer l'huile de friture dans une sauteuse.

3 Faites frire les bourek 3 à 4 minutes de chaque côté. Déposez-les sur du papier absorbant et dégustez aussitôt.

Astuce
Ajoutez du jus de citron sur les bourek au moment de servir pour apporter une note d'acidité et de fraîcheur au plat.

Poulet teriyaki

Pour 2 personnes
Préparation : 5 min
Cuisson : 12 min

- 140 g de riz blanc
- 300 g de blancs de poulet
- 3 cuil. à soupe de Maïzena®
- 1 pincée de piment fort
- 1 cuil. à soupe d'huile de sésame
- 15 cl d'eau
- 1 gousse d'ail
- 6 cl de sauce soja
- 45 g de cassonade
- 2 cuil. à soupe de miel
- 2 cm de gingembre frais râpé
- 2 brins de coriandre
- 1 cuil. à soupe de graines de sésame

1 Faites cuire le riz blanc en suivant les indications mentionnées sur le paquet. Égouttez-les. Coupez le poulet en morceaux. Dans un saladier, mélangez le poulet avec 1 cuillerée à soupe de Maïzena® et le piment. Faites cuire le poulet dans une poêle avec l'huile de sésame à feu moyen pendant 5 minutes.

2 Diluez le reste de la Maïzena® dans l'eau. Pelez la gousse d'ail et écrasez-la. Dans une seconde poêle, faites chauffer la sauce soja, la cassonade, le miel, l'ail, le gingembre et l'eau avec la Maïzena®. Portez à ébullition à feu doux afin d'obtenir une sauce sirupeuse.

3 Ajoutez le poulet à la sauce soja, laissez mijoter pendant 2 minutes. Dressez dans 2 assiettes avec le riz blanc, parsemez le tout de coriandre ciselée et de graines de sésame.

Astuce
Vous pouvez également accompagner le poulet de riz vinaigré et de petits légumes !

Burger à la tomme de Savoie

Pour 2 personnes
Préparation : 10 min
Cuisson : 5 min

- 1 oignon rouge
- 20 g de beurre
- 2 buns briochés
- 2 steaks hachés
- 2 tranches de tomme de Savoie

Pour la mayonnaise

- 1 cuil. à soupe de moutarde de Dijon
- 1 jaune d'œuf
- 1 filet de jus de citron
- 10 cl d'huile neutre
- Sel, poivre

Astuce
Vous pouvez ajouter des cornichons, de la salade ou des tomates.

1 Préparez la mayonnaise : dans un saladier, mélangez la moutarde, le jaune d'œuf, le jus de citron, du sel et du poivre. Ajoutez l'huile en filet et fouettez vivement. Une fois la mayonnaise épaissie, réservez-la au frais.

2 Épluchez l'oignon rouge et émincez-le.

3 Dans une poêle chaude, mettez 1 noisette de beurre, toastez le pain côté mie pendant 2 minutes.

4 Dans la même poêle, ajoutez 1 noisette de beurre à nouveau, puis faites-y cuire les steaks 1 minute par face à feu vif. Une fois la première face cuite, déposez les tranches de tomme de Savoie sur les steaks et couvrez.

5 Étalez la mayonnaise sur les buns, déposez les steaks avec la tomme de Savoie sur le pain, ajoutez les oignons rouges et refermez. Bon appétit !

Tagliatelles de carottes & bœuf sauté aux oignons

Pour 2 personnes
Préparation : 7 min
Cuisson : 15 min

- 500 g de carottes
- 2 cuil. à soupe d'huile de sésame
- 3 cuil. à soupe d'eau
- 4 cuil. à soupe de sauce soja
- 1 oignon jaune
- 2 bavettes de bœuf
- 1 noisette de beurre
- Graines de sésame
- Coriandre

1 Épluchez les carottes, réalisez des tagliatelles à l'aide d'un Économe ou d'une mandoline. Faites-les revenir à feu vif dans une poêle avec l'huile de sésame puis ajoutez l'eau. Au bout de 7 minutes, ajoutez 2 cuillerées à soupe de sauce soja, poursuivez la cuisson pendant 2 minutes.

2 Pelez et émincez l'oignon. Coupez les bavettes en fines tranches. Dans une poêle chaude, avec un peu de matière grasse, faites revenir l'oignon à feu vif, ajoutez le bœuf et laissez cuire pendant 5 minutes. Versez le reste de la sauce soja ainsi que les graines de sésame et poursuivez la cuisson pendant 1 minute. Ciselez la coriandre.

3 Dressez les tagliatelles de carotte, les oignons, les tranches de bavette et la coriandre ciselée dans 2 assiettes. Dégustez aussitôt !

Astuce
Gardez les oignons légèrement « craquants » pour plus de goût !

Brochettes de kefta

Pour 4 brochettes
Préparation : 10 min
Cuisson : 8 min

- 5 brins de persil
- 3 brins de menthe
- 1 oignon
- 200 g de bœuf haché
- 20 g de chapelure
- 1 cuil. à café de cumin
- 1 œuf
- 1 yaourt à la grecque
- 5 cl d'huile d'olive
- Sel, poivre

1. Ciselez le persil et la menthe. Épluchez et ciselez finement l'oignon. Dans un saladier, mélangez avec les mains le bœuf, la chapelure, l'oignon, le persil, le cumin, du sel, du poivre et l'œuf.
2. Formez 4 grosses boulettes et allongez-les pour les disposer sur 4 piques à brochette.
3. Dans une poêle chaude, versez l'huile d'olive et faites cuire les brochettes 3 à 4 minutes sur chaque face.
4. Dans un bol, mélangez le yaourt à la grecque et la menthe. Étalez la sauce dans des assiettes et disposez les brochettes dessus. Dégustez aussitôt.

Astuce
Vous pouvez servir les brochettes avec des pains pita !

Notre poke bowl

Pour 2 personnes
Préparation : 10 min
Cuisson : 10 min

- 120 g de riz thaï
- 2 carottes
- ½ cuil. à café de curcuma
- ½ cuil. à café de cumin
- ½ cuil. à café de gingembre moulu
- 1 verre d'eau
- 1 cuil. à soupe de miel
- 200 g de saumon frais
- Le jus de ½ citron
- 2 avocats
- 1 concombre
- 50 g de roquette
- Huile d'olive
- Sel, poivre

Pour la sauce

- 60 g de mayonnaise
- 4 cl d'eau
- 1 cuil. à soupe de gingembre moulu
- 1 cuil. à soupe de miel
- ½ cuil. à café de sauce sriracha
- Sel

Astuce
Vous pouvez faire mariner les cubes de saumon, au frais, avec un peu de sauce soja et de citron.

1. Faites cuire le riz thaï en suivant les indications mentionnées sur le paquet. Égouttez-le.

2. Épluchez les carottes, coupez-les en tout petits cubes. Dans une poêle, faites-les revenir dans un peu d'huile d'olive. Ajoutez le curcuma, le cumin, le gingembre, du sel et du poivre. Mouillez avec un verre d'eau et portez à petite ébullition jusqu'à ce que l'eau se soit évaporée. Ajoutez le miel et mélangez.

3. Coupez le saumon en cubes. Assaisonnez-le de jus de citron. Dénoyautez les avocats et coupez-les en cubes. Coupez le concombre en cubes également.

4. Dans un bol, fouettez tous les ingrédients de la sauce.

5. Dans 2 grands bols, dressez le riz et répartissez le saumon, les carottes, le concombre, l'avocat et la roquette. Versez la sauce et dégustez !

Tartare de saumon, fromage frais & avocat

Pour 2 tartares
Préparation : 15 min

- 2 filets de saumon
- 15 brins de ciboulette
- 100 g de fromage frais type St Môret®
- Le jus de 1 citron
- 1 avocat
- Huile d'olive
- Sel, poivre

1 Retirez la peau du saumon et les éventuelles arêtes. Coupez le saumon en petits morceaux. Mettez-le dans un saladier, assaisonnez-le d'huile d'olive, un peu de ciboulette ciselée, de sel et de poivre.

2 Mélangez le fromage frais avec le reste de ciboulette ciselée et la moitié du jus de citron. Dénoyautez et coupez l'avocat en dés. Préparez une petite sauce en mélangeant 5 cl d'huile d'olive et le reste du jus de citron.

3 Dans 2 emporte-pièces, déposez l'avocat, une couche de fromage frais et le saumon. Retirez l'emporte-pièce et arrosez de sauce. Il n'y a plus qu'à déguster !

Astuce
Vous pouvez ajouter des petits morceaux de pomme pour apporter de l'acidité et de la fraîcheur !

Salad jar

Pour 2 personnes
Préparation : 7 min

- 12 tomates cerises
- 1 avocat
- 1 mangue
- 12 crevettes cuites
- ½ tasse de noix de cajou
- 90 g de mâche
- 2 bocaux en verre

Pour la sauce

- 6 cuil. à soupe d'huile d'olive
- Le jus de 1 citron
- 2 cuil. à soupe de miel

1 Coupez les tomates cerises en deux. Dénoyautez l'avocat et coupez-le en dés. Épluchez et coupez la mangue en morceaux.

2 Dans chaque bocal, versez 3 cuillerées à soupe d'huile d'olive, le jus de ½ citron et 1 cuillerée à soupe de miel.

3 Répartissez ensuite dans chaque bocal les tomates cerises, l'avocat, la mangue, les crevettes, les noix de cajou et la mâche.

4 Refermez. Vous n'avez plus qu'à secouer juste avant de déguster !

Astuce
Vous pouvez réaliser cette recette avec tous les ingrédients de votre choix. Il faudra mettre la sauce en premier et ajouter les ingrédients du plus lourd au plus léger.

1926

Saumon en papillote aux poireaux & à la coriandre

Pour 2 personnes
Préparation : 5 min
Cuisson : 20 min

- 1 blanc de poireau
- 2 pavés de saumon
- Le jus et le zeste de 1 citron
- 4 brins de coriandre
- Huile d'olive
- Sel, poivre

1 Préchauffez le four à 205 °C (th. 6-7). Coupez le blanc de poireau finement.

2 Découpez 2 grands rectangles de papier cuisson. Déposez sur chacun des blancs de poireau et 1 pavé de saumon. Assaisonnez d'huile d'olive, de sel, de poivre, de jus et de zeste de citron, et de coriandre finement hachée (réservez un peu de coriandre pour la suite).

3 Refermez soigneusement les papillotes et enfournez-les pour 15 à 20 minutes (selon la taille de vos pavés).

4 Ouvrez vos papillotes, parsemez-les de coriandre et dégustez !

Astuce
Si vous n'appréciez pas la coriandre, vous pouvez la remplacer par de l'aneth ou de la ciboulette !

Cabillaud à l'aïoli & légumes grillés

Pour 2 personnes
Préparation : 8 min
Cuisson : 15 min

- 200 g de tomates cerises
- 2 courgettes
- 2 échalotes
- 2 cuil. à soupe de câpres
- 2 filets de cabillaud
- Huile d'olive
- Sel, poivre

Pour l'aïoli

- 3 gousses d'ail
- 1 jaune d'œuf
- 1 filet de jus de citron
- 20 cl d'huile d'olive
- Sel, poivre

1 Préchauffez le four à 180 °C (th. 6). Coupez les tomates cerises en deux. Coupez les courgettes en petits dés. Épluchez et émincez les échalotes.

2 Dans un plat allant au four, mettez les tomates cerises, les courgettes, les échalotes, les câpres et les filets de cabillaud. Assaisonnez d'huile d'olive, de sel et de poivre. Enfournez pour 15 minutes.

3 Pendant ce temps, préparez l'aïoli : pelez les gousses d'ail et écrasez-les à l'aide d'un presse-ail. Dans un saladier, mettez l'ail, le jaune d'œuf, assaisonnez de sel et de poivre puis mélangez. Versez l'huile en fouettant vivement au fur et à mesure. Lorsque l'aïoli est monté, ajoutez le filet de jus de citron.

4 Servez le cabillaud avec les légumes, l'aïoli et dégustez !

Astuce
Pour un plat plus consistant, accompagnez-le de riz basmati !

Soupe de crevettes au lait de coco

Pour 2 personnes
Préparation : 5 min
Cuisson : 15 min

- 75 g de vermicelles de riz
- 2 échalotes
- 1 bâton de citronnelle
- 2 cm de gingembre frais râpé
- 1 cuil. à café de curry
- 5 cl de bouillon de légumes
- 20 cl de lait de coco
- 10 crevettes cuites décortiquées
- Le jus de 1 citron vert
- 5 brins de coriandre
- Huile de tournesol

Astuce
Pour relever la préparation, vous pouvez remplacer le curry par 1 cuillerée à café de curry vert (pimenté).

1 Faites cuire les vermicelles de riz en suivant les indications mentionnées sur le paquet. Épluchez et émincez les échalotes. Dans une poêle chaude, faites revenir les échalotes dans un peu d'huile avec la citronnelle, le gingembre râpé et le curry.

2 Ajoutez le bouillon et le lait de coco. Faites chauffer à petits frémissements pendant 7 minutes. Ajoutez les crevettes et le jus de citron vert. Laissez mijoter pendant 5 minutes.

3 Ajoutez les vermicelles de riz. Ciselez la coriandre et dressez la soupe dans 2 grands bols avec la coriandre.

Saumon à l'orange

Pour 2 personnes
Préparation : 5 min
Cuisson : 10 min

- 2 oranges
- 2 cuil. à soupe d'huile d'olive
- 10 g de beurre
- 2 pavés de saumon
- 2 cuil. à soupe de miel
- Coriandre

1 Coupez les oranges en deux, prélevez-en 2 tranches pour le dressage. Pressez les oranges afin d'obtenir 1 petit verre de jus.

2 Dans une poêle, faites chauffer l'huile d'olive et le beurre. Ajoutez les pavés de saumon côté peau, laissez cuire pendant 3 minutes à feu moyen-vif, puis retournez-les et laissez cuire 1 minute 30.

3 Ajoutez le jus d'orange et le miel. Baissez le feu, couvrez et laissez cuire 5 minutes de plus. Retirez le saumon de la poêle, portez la sauce à ébullition.

4 Ciselez la coriandre. Dressez le saumon avec la sauce, la coriandre et les tranches d'orange !

Astuce
Vous pouvez l'accompagner de riz ou de petits légumes !

Spaghettis aux crevettes & au curry

Pour 2 personnes
Préparation : 5 min
Cuisson : 15 min

- 200 g de spaghettis
- 1 gousse d'ail
- 10 crevettes cuites décortiquées
- 2 cuil. à soupe de curry
- 10 cl de lait de coco
- 2 cuil. à soupe de pulpe de tomate
- 3 brins de coriandre
- Huile d'olive
- Sel, poivre

1 Faites cuire les spaghettis en suivant les indications mentionnées sur le paquet. Pelez la gousse d'ail et hachez-la. Dans une poêle, faites chauffer de l'huile d'olive à feu vif, ajoutez les crevettes et faites cuire pendant 4 minutes.

2 Ajoutez le curry, l'ail, du sel et du poivre. Laissez cuire pendant 5 minutes puis ajoutez le lait de coco et la pulpe de tomate, prolongez la cuisson pendant 5 minutes.

3 Ajoutez les spaghettis et mélangez, puis parsemez le tout de coriandre ciselée. Dressez dans 2 assiettes et c'est prêt !

Astuce
Si vous n'appréciez pas la coriandre, remplacez-la par du persil !

Sando au saumon

Pour 2 personnes
Préparation : 10 min

- 2 pavés de saumon
- Le jus de ½ citron
- 2 cuil. à soupe de sauce soja sucrée
- Graines de sésame
- 1 avocat
- 3 cuil. à soupe de mayonnaise
- 1 cuil. à café de wasabi
- 4 tranches de pain brioché
- 50 g de roquette

1. Retirez la peau du saumon. Coupez-le en dés. Dans un bol, assaisonnez-le de jus de citron, de sauce soja et de graines de sésame.

2. Dénoyautez l'avocat et coupez-le en tranches. Mélangez la mayonnaise et le wasabi.

3. Toastez le pain brioché, et étalez la mayonnaise au wasabi sur chacune des tranches. Répartissez le saumon, l'avocat et la roquette sur 2 tranches et refermez avec les tranches restantes.

4. Coupez les sando en deux et dégustez !

Astuce
Vous pouvez également faire cuire les dés de saumon dans une poêle quelques minutes avec l'assaisonnement.

Curry de cabillaud au lait de coco

Pour 2 personnes
Préparation : 5 min
Cuisson : 10 min

- 200 g de cabillaud
- 1 cuil. à soupe de curry madras (fort)
- 1 cuil. à café de gingembre moulu
- 1 cuil. à café de sucre en poudre
- 1 cuil. à soupe de concentré de tomate
- 10 cl de lait de coco
- 2 brins de coriandre
- Huile d'olive

1 Coupez le cabillaud en cubes. Dans une poêle, versez 1 filet d'huile d'olive, ajoutez le curry, le gingembre, le sucre et le concentré de tomate.

2 Versez le lait de coco. Ajoutez le cabillaud et laissez cuire pendant 10 minutes à feu doux. Dressez le cabillaud avec la coriandre ciselée.

Astuce
Accompagnez le cabillaud de riz !

Saumon crémeux à l'aneth

Pour 2 personnes
Préparation : 5 min
Cuisson : 15 min

- 1 échalote
- 10 brins d'aneth
- 1 citron
- ½ verre de vin blanc
- 10 cl de crème liquide
- 2 pavés de saumon
- Huile d'olive
- Sel, poivre

1 Préchauffez le four à 190 °C (th. 6-7). Épluchez et ciselez l'échalote. Ciselez l'aneth. Coupez ½ citron en tranches et conservez le reste.

2 Faites revenir l'échalote dans une casserole avec de l'huile d'olive. Au bout de 3 minutes, ajoutez le vin. Portez à ébullition et ajoutez la crème, l'aneth et le jus du ½ citron restant. Salez et poivrez.

3 Dans un plat allant au four, déposez les pavés de saumon et versez la sauce. Disposez 1 tranche de citron sur chaque pavé de saumon et enfournez pour 12 minutes.

4 Servez avec des tagliatelles !

Astuce
Vous pouvez accompagner le plat de fenouil braisé, il se marie parfaitement avec le saumon !

Fish & chips de carotte

Pour 2 personnes
Préparation : 10 min
Cuisson : 13 min

- 400 g de carottes
- 1 verre de bière
- 100 g de farine
- 2 œufs
- 2 filets de cabillaud
- Mayonnaise
- Huile de friture
- Huile d'olive
- Sel, poivre

1 Préchauffez le four à 210 °C (th. 7). Épluchez et taillez les carottes en frites. Déposez-les sur une plaque allant au four recouverte de papier cuisson, assaisonnez-les d'huile d'olive, de sel et de poivre. Enfournez pour 10 à 15 minutes.

2 Dans un saladier, mélangez la bière et la farine. Séparez les jaunes des blancs d'œufs, ajoutez les jaunes à la pâte et mélangez.
Montez les blancs en neige. Ajoutez-les à la pâte en mélangeant délicatement pour ne pas les casser.

3 Trempez les filets de cabillaud dans la pâte. Faites chauffer de l'huile de friture dans une sauteuse à 180 °C et faites-les frire pendant 3 minutes.

4 Servez les filets de cabillaud et les frites de carotte avec un petit pot de mayonnaise. Bon appétit !

Astuce
Vous pouvez également décliner la recette avec des frites de patate douce !

Desserts
et goûters

Saint-marcellins rôtis au miel & au romarin

Pour 2 personnes
Préparation : 2 min
Cuisson : 15 min

- 2 saint-marcellins
- 2 cuil. à café de miel
- 2 brins de romarin
- Poivre
- Piment d'Espelette

1 Préchauffez le four à 190 °C (th. 6-7). Déposez les saint-marcellins dans un ramequin allant au four. Faites des incisions en croix sur le dessus de chaque fromage.

2 Assaisonnez-les de miel, de romarin, de poivre et de piment d'Espelette. Enfournez pour 15 minutes, jusqu'à ce qu'ils soient fondus.

Astuce
Vous pouvez servir les saint-marcellins avec des toasts frottés à l'ail.

Mug cake à la crème de marrons

Pour 1 mug cake
Préparation : 2 min
Cuisson : 2 min

- 35 g de beurre
- 20 g de farine
- 1 œuf
- 2 cuil. à soupe de crème de marrons
- 2 cuil. à soupe de lait concentré

1 Placez le beurre dans un mug et faites-le fondre au micro-ondes pendant 40 secondes.

2 Versez la farine et mélangez bien. Ajoutez l'œuf et mélangez à nouveau. Ajoutez la crème de marrons, le lait concentré et mélangez jusqu'à obtenir une pâte bien homogène.

3 Faites cuire au micro-ondes pendant 1 minute. Laissez reposer un peu avant de déguster !

Astuce
Si vous n'avez pas de lait concentré, vous pouvez le remplacer par de la crème épaisse et 1 cuillerée à soupe de sucre en poudre.

Muffins aux myrtilles

Pour 12 à 15 muffins
Préparation : 5 min
Cuisson : 15 min

- 200 g de farine
- 90 g de sucre en poudre
- 1 cuil. à café de levure chimique
- 50 g de beurre
- 15 cl de lait
- 1 œuf
- 100 g de myrtilles fraîches

1 Préchauffez le four à 210 °C (th. 7). Dans un saladier, mélangez la farine, le sucre et la levure chimique. Faites fondre le beurre au micro-ondes. Lorsqu'il est mou, mélangez-le avec le lait et l'œuf dans un autre saladier.

2 Ajoutez ce dernier au mélange farine-sucre, fouettez vivement. Ajoutez les myrtilles (réservez-en quelques-unes) et fouettez à nouveau. Remplissez des moules à muffins, ou des caissettes en papier, de l'appareil en répartissant bien la préparation.

3 Ajoutez quelques myrtilles sur chaque muffin et enfournez pour 15 minutes. À la sortie du four, laissez tiédir et dégustez !

Astuce
Pour plus de croustillant, vous pouvez ajouter une petite poignée de noix concassées.

Brownie express

Pour 6 personnes
Préparation : 5 min
Cuisson : 15 min

- 200 g de chocolat pâtissier
- 10 cl de lait
- 100 g de beurre mou + un peu pour le moule
- 110 g de sucre en poudre
- 2 œufs
- 80 g de farine

1 Préchauffez le four à 180 °C (th. 6). Cassez le chocolat pâtissier en carrés et mettez-le dans une casserole, versez le lait. Faites fondre le chocolat à feu doux en remuant avec une spatule.

2 Mélangez le beurre et le sucre dans un saladier à l'aide d'un fouet. Ajoutez les œufs et la farine petit à petit, mélangez. Versez le chocolat fondu et mélangez à nouveau.

3 Versez l'appareil dans un moule carré beurré et enfournez pour 15 minutes. Coupez-le en 6 et dégustez-le aussitôt !

Astuce
Sortez le beurre du réfrigérateur à l'avance afin qu'il se ramollisse.

Fondants à la crème de marrons

Pour 10 fondants
Préparation : 5 min
Cuisson : 15 min

- 100 g de beurre
- 400 g de crème de marrons
- 3 œufs
- 5 cuil. à soupe de Maïzena®

1 Préchauffez le four à 210 °C (th. 7). Dans une casserole, faites fondre le beurre, ajoutez la crème de marrons et mélangez. Hors du feu, ajoutez les œufs et la Maïzena®, mélangez à nouveau.

2 Versez l'appareil dans des petits moules, enfournez pour 15 minutes.
Démoulez les fondants et dégustez !

Astuce
Servez avec de la crème anglaise !

Gâteau à l'orange et son sirop

Pour 6 personnes
Préparation : 5 min
Cuisson : 18 min

- 120 g de beurre + un peu pour le moule
- 110 g de sucre en poudre
- 2 œufs
- 120 g de farine
- 1 sachet de levure
- Le jus et le zeste de 1 orange

Pour le sirop

- Le jus de 2 oranges
- 100 g de sucre en poudre
- 10 cl d'eau

1 Préchauffez le four à 190 °C (th. 6-7). Faites fondre le beurre au micro-ondes. Dans un saladier, fouettez le beurre fondu avec le sucre et les œufs. Incorporez la farine et la levure, tout en fouettant vivement la préparation. Ajoutez le jus et le zeste d'orange. Mélangez. Versez la préparation dans un moule à gâteau beurré.

2 Enfournez pour 18 minutes. Pendant ce temps, préparez le sirop : dans une casserole, portez à ébullition le jus d'orange, le sucre et l'eau.

3 À la sortie du four, démoulez le gâteau et nappez-le de sirop. C'est prêt !

Astuce
Vous pouvez ajouter 1 cuillerée d'eau de fleur d'oranger au sirop pour plus de saveurs !

Bananes caramélisées

Pour 2 personnes
Préparation : 2 min
Cuisson : 7 min

- 2 bananes
- 110 g de sucre de canne
- 4 cl d'eau
- 5 cl de crème de coco
- Le jus de 1 citron vert

1 Coupez les bananes en deux en conservant la peau. Saupoudrez la chair de 20 g de sucre. Faites caraméliser les bananes côté chair dans une poêle chaude pendant 2 minutes. Réservez dans une assiette.

2 Dans la même poêle, versez le reste du sucre et l'eau. Laissez caraméliser puis ajoutez la crème de coco, mélangez bien.

3 Disposez les bananes dans 2 assiettes, versez le jus de citron vert, la sauce et dégustez !

Astuce
Vous pouvez accompagner ces bananes caramélisées d'une boule de glace à la vanille !

Gâteau roulé à la confiture de fraises

Pour 8 personnes
Préparation : 7 min
Cuisson : 12 min

- 4 œufs
- 130 g de sucre en poudre
- 100 g de farine
- 1 sachet de levure chimique
- 250 g de confiture de fraises

1 Préchauffez le four à 180 °C (th. 6). Dans deux saladiers, séparez les jaunes d'œufs des blancs. Mélangez les jaunes avec le sucre et un fond d'eau. Ajoutez la farine et la levure petit à petit en continuant de bien mélanger.

2 Dans le second saladier, battez les blancs d'œufs en neige. Incorporez les blancs aux jaunes d'œufs, mélangez délicatement pour ne pas casser les blancs.

3 Étalez la préparation sur une plaque allant au four recouverte de papier cuisson. Enfournez pour 12 minutes.

4 À la sortie du four, étalez la confiture sur la génoise. Déposez la génoise sur un torchon propre humidifié, roulez le gâteau dedans. Laissez refroidir. Vous n'avez plus qu'à découper des parts de gâteau et déguster !

Astuce
Déclinez cette recette avec une ganache au chocolat, de la crème de marrons ou d'autres confitures !

Cookies express aux pépites de chocolat

Pour 8 cookies
Préparation : 7 min
Cuisson : 13 min

- 75 g de beurre mou
- 50 g de sucre vanillé
- 180 g de farine
- 1 cuil. à café de levure chimique
- 1 œuf
- 100 g de pépites de chocolat noir

1 Préchauffez le four à 180 °C (th. 6). Dans un saladier, mélangez le beurre mou et le sucre vanillé. Ajoutez la farine, la levure chimique, l'œuf et mélangez à l'aide d'une spatule. Ajoutez les pépites de chocolat et mélangez à nouveau.

2 Formez des petites boules de pâte et aplatissez-les. Déposez les cookies sur une plaque allant au four recouverte de papier cuisson. Enfournez pour 13 minutes. Laissez les cookies refroidir et dégustez !

Astuce
Pour plus de gourmandise, utilisez 50 g de pépites de chocolat au lait et 50 g de pépites de chocolat noir !

Chocolat chaud à l'ancienne

Pour 2 personnes
Préparation : 5 min
Cuisson : 15 min

- 20 cl de crème entière liquide
- 15 g de sucre en poudre
- 1 sachet de sucre vanillé
- 1 goutte d'arôme de vanille
- 200 g de chocolat noir ou au lait
- 65 cl de lait entier
- 1 cuil. à café de cannelle

1 Dans une casserole, faites chauffer la crème avec le sucre, le sucre vanillé et l'arôme de vanille. Hachez le chocolat et ajoutez-le à la crème en mélangeant bien.

2 Une fois le chocolat fondu, ajoutez le lait et la cannelle. Mélangez et laissez chauffer pendant 15 minutes en remuant de temps en temps.

3 Vous n'avez plus qu'à le verser dans des tasses et à le déguster bien au chaud !

Astuce
Vous pouvez le servir avec de la chantilly et quelques guimauves !

Tartelettes au caramel beurre salé

Pour 4 tartelettes
Préparation : 10 min
Cuisson : 15 min

- 1 pâte sablée
- 75 g de sucre en poudre
- 7 cl d'eau
- 20 g de beurre demi-sel
- 40 g de crème fraîche

1 Préchauffez le four à 180 °C (th. 6). Découpez des cercles dans la pâte sablée, du diamètre de vos moules à tartelette. Foncez les 4 moules. Piquez la pâte avec une fourchette. Placez du papier cuisson sur la pâte avec du poids dessus (comme des haricots secs) pour éviter qu'elle gonfle. Enfournez pour 12 à 15 minutes.

2 Préparez le caramel en mettant le sucre et l'eau dans une casserole à feu vif et faites chauffer pendant 1 minute. Une fois le mélange caramélisé, retirez la casserole du feu. Ajoutez le beurre demi-sel et mélangez. Remettez la casserole sur feu doux pendant 1 minute, ajoutez la crème et mélangez.

3 Versez le caramel au beurre salé sur les tartelettes. Servez-les tièdes !

Astuce
Vous pouvez préparer ce dessert à l'avance et le réserver au réfrigérateur, ainsi le caramel se « figera ».

Tarte aux framboises et à la menthe

Pour 8 personnes
Préparation : 7 min
Cuisson : 13 min

- 1 pâte sablée
- 200 g de ricotta
- 500 g de framboises
- 50 g de sucre en poudre
- 5 cl de jus de citron
- 5 cl d'eau
- 2 brins de menthe

Astuce
Vous pouvez étaler de la crème d'amandes avant de déposer les framboises sur la tarte !

1 Préchauffez le four à 175 °C (th. 5-6). Déroulez la pâte et garnissez-en un moule à tarte. Piquez le fond avec une fourchette. Déposez du papier cuisson sur la pâte avec un poids dessus (comme des haricots secs) pour éviter qu'elle gonfle. Enfournez pour 12 à 15 minutes.

2 Dans un bol, fouettez la ricotta à l'aide une fourchette pour la détendre. Une fois la pâte sablée cuite et légèrement refroidie, étalez la ricotta dessus et recouvrez-la de framboises.

3 Dans une casserole, portez à ébullition le sucre, le jus de citron et l'eau pendant 1 minute. Nappez la tarte avec le sirop. Ajoutez quelques feuilles de menthe et dégustez !

Bananes rôties à la vanille

Pour 2 personnes
Préparation : 5 min
Cuisson : 12 min

- 3 bananes
- 2 gousses de vanille
- Le jus et le zeste de 1 citron vert
- Sucre de canne

1 Préchauffez le four à 200 °C (th. 6-7). Coupez les bananes en tronçons en conservant leur peau. Déposez-les sur une plaque allant au four recouverte de papier cuisson.

2 Fendez les gousses de vanille, grattez-les et répartissez les graines de vanille sur les tronçons de banane. Assaisonnez de jus et de zeste de citron vert. Saupoudrez de sucre de canne. Enfournez pour 12 minutes, retirez la peau et dégustez !

Astuce
Vous pouvez remplacer les gousses de vanille par de la vanille en poudre !

Crèmes desserts au chocolat

Pour 4 crèmes
Préparation : 5 min
Cuisson : 15 min

- 30 g de beurre
- 30 g de farine
- 60 cl de lait
- 40 g de sucre en poudre
- 100 g de chocolat pâtissier

1. Dans une casserole, faites fondre le beurre et la farine, mélangez bien. Ajoutez le lait petit à petit toujours en mélangeant.

2. Ajoutez le sucre et le chocolat cassé en morceaux. Mélangez. Laissez cuire à petite ébullition pendant 10 minutes tout en mélangeant.

3. Une fois la crème épaissie, répartissez-la dans 4 ramequins. Laissez refroidir et dégustez !

Astuce
Après deux jours, elles sont encore meilleures !

Bricks pomme cannelle

Pour 4 bricks
Préparation : 8 min
Cuisson : 12 min

- 2 pommes
- 20 g de beurre
- 1 cuil. à soupe de sucre en poudre
- 1 pincée de cannelle
- 1 goutte d'arôme de vanille
- 2 feuilles de brick

1 Pelez les pommes, retirez les pépins et coupez-les en petits morceaux. Faites-les revenir quelques minutes dans une poêle chaude avec 15 g de beurre, le sucre, la cannelle et l'arôme de vanille. Une fois qu'elles sont moelleuses, égouttez-les.

2 Coupez les feuilles de brick en deux. Déposez des pommes au bout de chaque feuille de brick et pliez-la en triangle.

3 Faites chauffer les bricks dans une poêle chaude légèrement beurrée, 4 minutes de chaque côté. Servez chaud !

Astuce
Vous pouvez ajouter un peu de jus de citron aux pommes pour apporter une note d'acidité supplémentaire.

Fondant au chocolat individuel

Préparation : 5 min
Cuisson : 8 min

- 15 g de beurre
- 50 g de chocolat pâtissier
- 15 g de sucre en poudre
- 1 œuf
- 15 g de farine

1 Préchauffez le four à 215 °C (th. 7-8). Faites fondre le beurre et le chocolat au micro-ondes.

2 Dans un saladier, fouettez le sucre avec l'œuf. Versez le mélange chocolat-beurre dans le saladier, ajoutez la farine petit à petit en remuant.

3 Dans un petit moule individuel beurré, versez l'appareil, sans le remplir entièrement. Enfournez pour 8 minutes. Dégustez tiède !

Astuce
Multipliez les quantités selon le nombre de fondants souhaités.

Abricots pochés au romarin

Pour 2 personnes
Préparation : 2 min
Cuisson : 5 min

- 6 abricots
- 2 cuil. à soupe de miel
- 20 cl d'eau
- 2 brins de romarin

1. Coupez les abricots en deux et retirez les noyaux. Dans une casserole, faites fondre le miel avec l'eau.

2. Ajoutez les abricots, faites cuire pendant 5 minutes et laissez tiédir.
Dressez les abricots, le sirop et le romarin dans 2 coupelles et dégustez !

Astuce
Vous pouvez remplacer le romarin par de la menthe ou du basilic !

Menus de fête

Pour Halloween

1 PLAT

Velouté de potiron & croûtons à l'ail

Pour
2 personnes

Préparation :
5 min

Cuisson :
18 min

600 g de potimarron
1 oignon
1 gousse d'ail
2 tranches de pain de mie
50 cl de bouillon de légumes
10 cl de crème liquide
Huile d'olive
Sel, poivre

Astuce
Pour une soupe plus consistante, ajoutez 2 pommes de terre.

Coupez le potimarron en petits dés. Coupez l'oignon en 6. Épluchez la gousse d'ail et écrasez-la.

Dans une casserole, faites cuire le potimarron et l'oignon pendant 15 minutes. Coupez le pain de mie en petits carrés, faites-les revenir 3 minutes dans une poêle à feu vif avec de l'huile d'olive et l'ail.

Dans le bol d'un blender, mixez le potimarron avec la crème, du sel et du poivre. Dressez la soupe avec les croûtons à l'ail et c'est prêt !

2 DESSERT

Fondants au potimarron & au chocolat

Pour
4 fondants

Préparation :
5 min

Cuisson :
15 min

140 g de chocolat pâtissier
20 g de beurre
60 g de sucre en poudre
2 œufs
100 g de purée de potimarron
25 g de farine

Préchauffez le four à 180 °C (th. 6). Faites fondre le chocolat dans une casserole au bain-marie, ajoutez le beurre, mélangez.

Astuce
Vous pouvez ajouter 1 bonne pincée de sel, il fera ressortir le goût du chocolat et du potimarron !

Dans un saladier, fouettez le sucre et les œufs jusqu'à ce que le mélange blanchisse. Ajoutez la purée de potimarron et mélangez. Versez le chocolat fondu et la farine, mélangez à nouveau.

Versez la préparation dans des moules individuels et enfournez pour 10 minutes. Dégustez !

3 BOISSON

Cocktail sanglant d'Halloween

Pour 2 cocktails

Préparation : 5 min

10 cl de jus d'orange
10 cl de jus de cranberry
5 cl de vodka
Glace pilée

Pour la décoration
Sirop de grenadine
2 cerises au marasquin

Astuce
Si vous n'avez pas de shaker, vous pouvez utiliser une gourde ou un pot de confiture à la place ; le contenant doit être bien hermétique.

À l'aide d'un shaker, mélangez le jus d'orange, le jus de cranberry et la vodka. Disposez de la glace pilée dans 2 verres à cocktail et versez le mélange.

Versez le sirop de grenadine à l'aide d'une cuillère, afin qu'il coule du bord du verre jusqu'au cocktail (pour un effet sanguinolent). Ajoutez 1 cerise au marasquin en décoration.

Mélangez juste avant de déguster !

Pour Noël

1 ENTRÉE

Rouleaux de saumon au mascarpone

Pour
2 personnes

Préparation :
8 min

5 brins d'aneth
5 brins de ciboulette
170 g de mascarpone
Le jus de 1 citron vert
4 tranches de saumon fumé
Sel, poivre

Astuce
Vous pouvez ajouter du fenouil râpé finement au mascarpone, il apportera un goût anisé à la préparation.

Ciselez l'aneth et la ciboulette. Dans un bol, mélangez le mascarpone, le jus de citron vert, l'aneth, la ciboulette, du sel et du poivre.

Garnissez le centre de chaque tranche de saumon de la préparation. Repliez-les et coupez chaque roulé en quatre.

Dressez avec des petites piques en bois et dégustez bien frais !

2 PLAT

Papillotes de poulet aux marrons & aux pommes de terre

Pour
2 personnes

Préparation :
7 min

Cuisson :
15 min

4 pommes de terre
1 gousse d'ail
1 oignon
2 cuil. à soupe d'huile d'olive
Herbes de Provence
2 filets de poulet
200 g de marrons cuits
Sel, poivre

Préchauffez le four à 200 °C (th. 6-7). Épluchez et coupez les pommes de terre en fines tranches. Épluchez et écrasez la gousse d'ail. Épluchez et émincez l'oignon.

Dans un bol, mélangez les pommes de terre, l'oignon, l'ail, 1 cuillerée à soupe d'huile d'olive, du sel, du poivre et des herbes de Provence.

Astuce
Vous pouvez accompagner les papillotes d'une poêlée de girolles !

Découpez 2 morceaux de papier sulfurisé. Au centre de chaque morceau, déposez les pommes de terre assaisonnées, 1 filet de poulet, assaisonnez-le avec le reste de l'huile d'olive, du sel et du poivre. Disposez les marrons. Refermez la papillote en serrant bien les extrémités.

Placez les papillotes sur une plaque de cuisson et enfournez pour 15 minutes ou jusqu'à ce que le poulet soit cuit.

Ouvrez les papillotes et servez-les directement dans des assiettes.

---

3 DESSERT

Verrines aux pommes, cannelle & caramel au beurre salé

Pour 4 verrines

Préparation : 5 min

Cuisson : 8 min

- 2 pommes
- 1 noisette de beurre
- 2 cuil. à soupe de sucre en poudre
- 1 cuil. à café de cannelle en poudre
- 4 cuil. à soupe de caramel au beurre salé
- Biscuits type Petit Beurre
- Crème chantilly

Astuce
Ajoutez quelques biscuits émiettés sur la chantilly pour la décoration !

Pelez les pommes et coupez-les en petits morceaux. Dans une poêle, faites fondre le beurre, ajoutez les pommes. Faites-les cuire pendant 5 minutes, ajoutez le sucre et la cannelle. Mélangez.

Une fois les pommes légèrement caramélisées, retirez du feu. Émiettez les biscuits. Déposez-les au fond des verrines, répartissez les pommes dessus et ajoutez 1 cuillerée à soupe de caramel dans chaque verrine.

Ajoutez la crème chantilly. Servez aussitôt !

Pour le Nouvel An

1 ENTRÉE

Verrines butternut & chorizo

Pour
4 verrines

Préparation :
5 min

Cuisson :
10 min

- 100 g de chorizo
- 300 g de purée de butternut
- 1 cuil. à café de paprika
- 1 cuil. à soupe de crème fraîche
- Persil
- Sel, poivre

Astuce
Gardez quelques dés de chorizo pour le dressage.

Retirez la peau du chorizo et coupez-le en dés. Faites-les revenir pendant 5 minutes dans une poêle à feu moyen.

Ajoutez la purée de butternut, et mélangez. Ajoutez le paprika, du sel et du poivre. Laissez cuire quelques minutes. Ajoutez la crème et mélangez bien.

Retirez du feu et répartissez la préparation dans des verrines avec du persil frais.

2 PLAT

Risotto de gambas au safran

Pour
2 personnes

Préparation :
5 min

Cuisson :
20 min

- ½ cuil. à café de safran
- 60 cl de bouillon de légumes
- 1 oignon
- 2 cuil. à soupe d'huile d'olive
- 200 g de riz à risotto
- ½ verre de vin blanc
- 200 g de gambas décortiquées
- Parmesan râpé
- Sel, poivre

Faites infuser le safran dans une casserole avec le bouillon de légumes à feu doux pendant 5 minutes.

Épluchez et ciselez l'oignon, faites-le revenir dans une poêle chaude avec l'huile d'olive. Ajoutez le riz à risotto et mélangez.

Astuce
Préférez un vin blanc sec, idéal pour les risottos aux fruits de mer.

Ajoutez le vin blanc au riz, remuez. Une fois qu'il est absorbé, ajoutez le bouillon de légumes au safran, louche par louche, jusqu'à absorption.

Ajoutez les gambas, salez et poivrez. Continuez à bien mélanger. Une fois que les gambas et le riz sont cuits, dressez le risotto dans 2 assiettes, saupoudrez-le de parmesan et dégustez aussitôt !

3 DESSERT

Crème catalane

Pour 2 personnes

Préparation : 5 min

Cuisson : 12 min

- 2 jaunes d'œufs
- 80 g de sucre en poudre
- 25 cl de lait
- 1 bâton de cannelle
- 1 cuil. à café de Maïzena®

Astuce
Vous pouvez remplacer le bâton de cannelle par une gousse de vanille !

Dans un saladier, fouettez les jaunes d'œufs avec 50 g de sucre. Dans une casserole, faites chauffer le lait à feu moyen avec le bâton de cannelle.

Délayez la Maïzena® avec 1 cuillerée à soupe de lait dans un bol. Ajoutez ce mélange aux jaunes d'œufs, mélangez.

Versez le lait sur les œufs en remuant vivement. Remettez cette préparation dans la casserole et remuez jusqu'à ce que la crème épaississe. Retirez le bâton de cannelle.

Répartissez la crème dans 2 ramequins. Ajoutez une fine couche de sucre sur la crème et utilisez un chalumeau pour le caraméliser. Vous n'avez plus qu'à servir.

Pour la Saint-Valentin

1 ENTRÉE

Mille-feuille kaki & mozzarella

Pour
2 personnes

Préparation :
5 min

- 1 kaki
- 1 boule de mozzarella
- 10 feuilles de basilic
- 2 cuil. à soupe d'huile d'olive
- Le jus de ½ citron
- Sel, poivre

Astuce
Vous pouvez ajouter 1 filet de crème de balsamique sur le mille-feuille !

Retirez le pédoncule du kaki. Coupez-le en tranches. Égouttez la mozzarella et coupez-la en tranches.

Ciselez le basilic. Mélangez l'huile d'olive, le jus de citron, le basilic, du sel et du poivre.

Dressez dans 2 assiettes en superposant les tranches de kaki et de mozzarella en les alternant. Assaisonnez avec la vinaigrette et dégustez !

2 PLAT

Rigatonis à la carbonara

Pour
2 personnes

Préparation :
10 min

Cuisson :
10 min

- 200 g de rigatonis
- 125 g de guanciale
- 2 jaunes d'œufs
- 125 g de pecorino romano râpé
- 5 g de poivre noir

Faites cuire les rigatonis en suivant les indications mentionnées sur le paquet, en conservant 2 louches d'eau de cuisson. Égouttez-les. Coupez le guanciale en cubes. Faites-les suer dans une poêle à feu vif.

Astuce
Mélangez vivement pour éviter que les jaunes d'œufs cuisent.

Battez les jaunes d'œufs. Dans la poêle ayant servi à cuire le guanciale, ajoutez les rigatonis, les louches d'eau de cuisson et le poivre et laissez cuire à feu doux 3 minutes. Mélangez vivement.

Ajoutez les jaunes d'œufs battus, mélangez. Retirez la poêle du feu et ajoutez le pecorino, mélangez à nouveau. Dressez les rigatonis avec le guanciale, et bon appétit !

---

3 DESSERT

Tartelettes au chocolat & au gingembre

Pour 6 tartelettes

Préparation : 5 min

Cuisson : 15 min

- 1 pâte sablée
- 10 cl de crème liquide
- 100 g de carrés de chocolat noir pâtissier
- 10 cl de lait
- 2 cm de gingembre frais râpé

Astuce
Vous pouvez ajouter quelques zestes d'orange, si vous appréciez l'association orange-chocolat.

Préchauffez le four à 200°C (th. 6). Découpez 6 disques dans la pâte sablée à l'aide d'un emporte-pièce. Déposez-les dans des moules à tartelettes. Piquez la pâte avec une fourchette. Déposez du papier cuisson sur chaque tartelette avec un poids dessus (comme des haricots secs).

Enfournez pour 12 minutes. Dans une casserole, portez la crème à ébullition. Hors du feu, ajoutez les carrés de chocolat et mélangez jusqu'à ce que le chocolat soit bien fondu. Ajoutez le gingembre râpé et mélangez à nouveau.

Versez le chocolat dans les tartelettes. Laissez tiédir et dégustez !

Index des ingrédients

A

Abricot
Abricots pochés au romarin 166

Aiguillette de canard
Aiguillettes de canard au balsamique & tagliatelles 100

Aiguillette de poulet
Aiguillettes de poulet au cumin & patates douces rôties 102

Ail
Cabillaud à l'aïoli & légumes grillés 122
Spaghettis sauce Alfredo 72
Velouté de potiron & croûtons à l'ail 170

Ananas
Cocktail ananas, citron & gingembre 59
Mini-brochettes de poulet & d'ananas 55

Anchois
Mini-pissaladières 51

Aneth
Rouleaux de saumon au mascarpone 174
Saumon crémeux à l'aneth 132

Aubergine
Dip aubergine & paprika 44
Notre salade aux légumes du soleil 77
Rigatonis à la crème d'aubergine, pancetta & stracciatella 95

Avocat
Blinis express à la mousse de saumon & à l'avocat 47
Notre poke bowl 114
Petit déjeuner en bocal 30
Potatoes toasts à la crème d'avocat & à la scamorza 39
Salad jar 118
Smoothie vert énergisant 18
Tartare de saumon, fromage frais & avocat 117
Toasts œuf nuage, avocat et bacon 10

B

Bacon
Egg & bacon muffins 23
Petit déjeuner en bocal 30
Toasts œuf nuage, avocat et bacon 10

Baguette
Crostinis aux tomates & à la burrata 43

Banane
Bananes caramélisées 148
Bananes rôties à la vanille 160
Milk-shake sur le pouce 29
Pancakes à la banane 34
Smoothie bowl bananes & kiwis 27
Smoothie bowl fraises & noisettes express 27
Smoothie vert énergisant 18

Basilic
Crème d'olives, ricotta & basilic 52
Crostinis aux tomates & à la burrata 43
Dip betterave & ricotta 44
Feuilletés à la coppa & au pecorino 40
Fleurs de courgette farcies à la ricotta 53
Gaspacho de fraises & tomates 56
Grilled cheese au pesto, mozzarella & tomates séchées 24
Mille-feuille kaki & mozzarella 182
Notre salade aux légumes du soleil 77
Rigatonis à la crème d'aubergine, pancetta & stracciatella 95
Soupe glacée de tomates à la burrata 78
Tarte fine aux tomates & au pesto de roquette 63

Bavette de bœuf
Tagliatelles de carottes & bœuf sauté aux oignons 110

Betterave
Dip betterave & ricotta 44

Beurre
Tartelettes au caramel beurre salé 156
Verrines aux pommes, cannelle & caramel au beurre salé 171

Beurre de cacahuète
Nouilles sautées au tofu & sauce cacahuète 91
Porc sauté sauce satay 99

Blanc de poulet
Bourek poulet & crème de curry 105
Mini-brochettes de poulet & d'ananas 55
Papillotes de poulet aux marrons & aux pommes de terre 174
Poulet teriyaki 106
Soupe de nouilles au poulet épicé 103

Bœuf haché
Brochettes de kefta 113
Burger à la tomme de Savoie 109

Brioche
Brioche perdue au saumon fumé & au halloumi 17

Brocoli
Tofu teriyaki au brocoli et riz thaï 83

Bun
Burger à la tomme de Savoie 109

Burrata
Crostinis aux tomates & à la burrata 43
Soupe glacée de tomates à la burrata 78

C

Cabillaud
Cabillaud à l'aïoli & légumes grillés 122
Curry de cabillaud au lait de coco 131
Fish & chips de carotte 135

Cacahuètes
Nouilles sautées au tofu & sauce cacahuète 91

Café expresso
Macchiato caramel 28

Cannelle
Bricks pomme-cannelle 162
Crème catalane 179
Verrines aux pommes, cannelle & caramel au beurre salé 175

Caramel
Macchiato caramel 28

Carotte
Bánh mi 88
Fish & chips de carotte 135
Galettes de flocons d'avoine aux légumes 64
Houmous carotte & curcuma 46
Notre poke bowl 114
Soupe de carottes au cumin 80
Soupe de nouilles au poulet épicé 103
Tagliatelles de carottes & bœuf sauté aux oignons 110

Céréales
Milk-shake sur le pouce 29

Cheddar
Egg & bacon muffins 23

Chocolat pâtissier
Brownie express 144
Crèmes desserts au chocolat 161
Fondant au chocolat individuel 165
Fondants au potimarron & au chocolat 170
Tartelettes au chocolat & au gingembre 183

Chocolat noir
Chocolat chaud à l'ancienne 155

Chorizo
Fondants au potimarron & au chocolat 170

Chou pak-choï
Ramen express 84

Ciboulette
Rouleaux de saumon au mascarpone 174
Tartare de saumon, fromage frais & avocat 117

Citron jaune
Cocktail ananas, citron & gingembre 59
Saumon en papillote aux poireaux & à la coriandre 121
Tartare de saumon, fromage frais & avocat 117

Citron vert
Bananes caramélisées 148
Bananes rôties à la vanille 160
Cocktail ananas, citron & gingembre 59
Mousse de yaourt au citron vert & fruits frais 19
Rouleaux de saumon au mascarpone 174

Citronnelle
Soupe de nouilles au poulet épicé 103

Concombre
Bánh mi 88
Notre poke bowl 114
Salade grecque à la feta panée 74
Salade shirazi en pain pita 87
Smoothie vert énergisant 18

Confiture de fraises
Gâteau roulé à la confiture de fraises 151

Coppa
Feuilletés à la coppa & au pecorino 40

Coriandre
Bánh mi 88
Curry de cabillaud au lait de coco 131
Houmous carotte & curcuma 46
Porc sauté sauce satay 99
Poulet teriyaki 106
Saumon en papillote aux poireaux & à la coriandre 121
Soupe de crevettes au lait de coco 125
Soupe de nouilles au poulet épicé 103
Spaghettis aux crevettes & au curry 127
Tagliatelles de carottes & bœuf sauté aux oignons 110

Courgette
Cabillaud à l'aïoli & légumes grillés 122
Galettes de flocons d'avoine aux légumes 64
Notre salade aux légumes du soleil 77
Omelette aux courgettes, feta & menthe 81

Cranberry
Cocktail sanglant d'Halloween 171

Crème de coco
Bananes caramélisées 148

Crème de marrons
Fondants à la crème de marrons 145
Mug cake à la crème de marrons 141

Crème de soja
Galettes de flocons d'avoine aux légumes 64
Crème liquide
Chocolat chaud à l'ancienne 155
Crevettes
Salad jar 118
Soupe de crevettes au lait de coco 125
Spaghettis aux crevettes & au curry 127
Sucrines aux crevettes caramélisées 48
Cumin
Aiguillettes de poulet au cumin & patates douces rôties 102
Soupe de carottes au cumin 80
Notre poke bowl 114
Curcuma
Houmous carotte & curcuma 46
Notre poke bowl 114
Curry
Bourek poulet & crème de curry 105
Curry de cabillaud au lait de coco 131
Soupe de nouilles au poulet épicé 103
Spaghettis aux crevettes & au curry 127

E

Échalotes
Cabillaud à l'aïoli & légumes grillés 122
Saumon crémeux à l'aneth 132
Épinard
Croque-madame aux épinards 13
Penne aux épinards & aux tomates séchées 68
Smoothie vert énergisant 18

F

Feta
Notre salade aux légumes du soleil 77
Omelette aux courgettes, feta & menthe 81
Salade grecque à la feta panée 74
Feuille de brick
Bourek poulet & crème de curry 105
Bricks pomme-cannelle 162
Fleur de courgette
Fleurs de courgette farcies à la ricotta 53
Flocons d'avoine
Galettes de flocons d'avoine aux légumes 64
Fraises
Gaspacho de fraises & tomates 56
Smoothie bowl fraises & noisettes express 27
Framboises
Tarte aux framboises et à la menthe 159
Fromage blanc
Blinis express à la mousse de saumon & à l'avocat 47
Fromage frais
Blinis express à la mousse de saumon & à l'avocat 47
Croque-madame aux épinards 13
Feuilletés à la coppa & au pecorino 40
Tartare de saumon, fromage frais & avocat 117

G

Gambas
Risotto de gambas au safran 178
Gingembre
Cocktail ananas, citron & gingembre 59
Curry de cabillaud au lait de coco 131
Notre poke bowl 114
Poulet teriyaki 106
Ramen express 84
Smoothie vert énergisant 18
Soupe de crevettes au lait de coco 125
Soupe de nouilles au poulet épicé 103
Tartelettes au chocolat & au gingembre 183
Guanciale
Rigatonis à la carbonara 182

H

Halloumi
Brioche perdue au saumon fumé & au halloumi 17

J

Jambon cru
Tarte Tatin pêche & jambon cru 96
Jus de pomme
Smoothie vert énergisant 18

K

Kaki
Mille-feuille kaki & mozzarella 182
Kiwi
Milk-shake sur le pouce 29
Smoothie vert énergisant 18
Kiwi jaune
Smoothie bowl bananes & kiwis 27

L

Lait
Macchiato caramel 28
Milk-shake sur le pouce 29
Lait concentré
Mug cake à la crème de marrons 141
Lait de coco
Curry de cabillaud au lait de coco 131
Porc sauté sauce satay 99
Spaghettis aux crevettes & au curry 127
Soupe de crevettes au lait de coco 125
Soupe de nouilles au poulet épicé 103

M

Macaronis
Mac & cheese caprese 71
Mâche
Salad jar 118
Mangue
Salad jar 118
Marrons
Papillotes de poulet aux marrons & aux pommes de terre 174
Mascarpone
Rouleaux de saumon au mascarpone 174
Menthe
Brochettes de kefta 113
Cocktail de pastèque à la menthe 59
Omelette aux courgettes, feta & menthe 81
Salade shirazi en pain pita 87
Tarte aux framboises et à la menthe 159
Miel
Abricots pochés au romarin 166
Saint-marcellins rôtis au miel & au romarin 138
Sucrines aux crevettes caramélisées 48
Mozzarella
Frittata italienne 13
Grilled cheese au pesto, mozzarella & tomates séchées 24
Mac & cheese caprese 71
Mille-feuille kaki & mozzarella 182
Penne aux épinards & aux tomates séchées 68
Rigatonis aux oignons caramélisés 73
Muffin
Egg & bacon muffins 23
Myrtilles
Muffins aux myrtilles 142

N

Nouilles
Soupe de nouilles au poulet épicé 103
Nouilles de blé
Nouilles sautées au tofu & sauce cacahuète 91
Nouilles udon
Ramen express 84

O

Œuf
Brioche perdue au saumon fumé & au halloumi 17
Croque-madame aux épinards 13
Egg & bacon muffins 23
Frittata italienne 13
Nos œufs brouillés parfaits 20
Omelette aux courgettes, feta & menthe 81
Pancakes à la banane 34
Petit déjeuner en bocal 30
Poireaux grillés, vinaigrette aux agrumes & œuf mollet 67
Ramen express 84
Toasts œuf nuage, avocat et bacon 10
Oignon
Brochettes de kefta 113
Mini-pissaladières 51
Rigatonis aux oignons caramélisés 73
Oignon rouge
Salade grecque à la feta panée 74
Soupe glacée de tomates à la burrata 78
Olives noires
Mini-pissaladières 51
Notre salade aux légumes du soleil 77
Salade grecque à la feta panée 74
Olives vertes
Crème d'olives, ricotta & basilic 52
Orange
Cocktail sanglant d'Halloween 171
Gâteau à l'orange et son sirop 147
Saumon à l'orange 126

P

Pain brioché
Sando au saumon 128

Pain de campagne
Toasts œuf nuage, avocat et bacon 10

Pain de mie
Croque-madame aux épinards 13
Grilled cheese au pesto, mozzarella & tomates séchées 24
Petit déjeuner en bocal 30
Velouté de potiron & croûtons à l'ail 170

Pamplemousse
Poireaux grillés, vinaigrette aux agrumes & œuf mollet 67

Pancetta
Rigatonis à la crème d'aubergine, pancetta & stracciatella 95

Paprika
Dip aubergine & paprika 44

Pastèque
Cocktail de pastèque à la menthe 59

Pâte feuilletée
Feuilletés à la coppa & au pecorino 40
Mini-pissaladières 51
Tarte fine aux tomates & au pesto de roquette 63
Tarte Tatin pêche & jambon cru 96

Parmesan
Grilled cheese au pesto, mozzarella & tomates séchées 24
Mac & cheese caprese 71
Pâte à tartiner aux noisettes
Rigatonis à la crème d'aubergine, pancetta & stracciatella 95
Smoothie bowl fraises & noisettes express 27
Spaghettis sauce Alfredo 72

Patate douce
Aiguillettes de poulet au cumin & patates douces rôties 102

Pêche
Tarte Tatin pêche & jambon cru 96

Pecorino
Feuilletés à la coppa & au pecorino 40
Fleurs de courgette farcies à la ricotta 53
Rigatonis à la carbonara 182

Penne
Penne aux épinards & aux tomates séchées 68

Pépites de chocolat
Cookies express aux pépites de chocolat 152

Persil
Brochettes de kefta 113
Rigatonis aux oignons caramélisés 73
Salade shirazi en pain pita 87
Spaghettis sauce Alfredo 72

Pignons de pin
Grilled cheese au pesto, mozzarella & tomates séchées 24

Poireau
Poireaux grillés, vinaigrette aux agrumes & œuf mollet 67
Saumon en papillote aux poireaux & à la coriandre 121
Soupe de nouilles au poulet épicé 103

Pois chiches
Houmous carotte & curcuma 46

Poivron rouge
Notre salade aux légumes du soleil 77
Salade shirazi en pain pita 87

Poivron vert
Salade grecque à la feta panée 74
Salade shirazi en pain pita 87

Pomme
Bricks pomme-cannelle 162
Verrines aux pommes, cannelle & caramel au beurre salé 175

Pomme de terre
Papillotes de poulet aux marrons & aux pommes de terre 174
Potatoes toasts à la crème d'avocat & à la scamorza 39 39

Porc
Porc sauté sauce satay 99

Potiron
Velouté de potiron & croûtons à l'ail 170

Purée de butternut
Verrines butternut & chorizo 178

Purée de potiron
Fondants au potimarron & au chocolat 170

R

Ricotta
Crème d'olives, ricotta & basilic 52
Dip betterave & ricotta 44
Fleurs de courgette farcies à la ricotta 53
Tarte aux framboises et à la menthe 159

Rigatonis
Rigatonis à la carbonara 182
Rigatonis à la crème d'aubergine, pancetta & stracciatella 95
Rigatonis aux oignons caramélisés 73

Riz à risotto
Risotto de gambas au safran 178

Riz blanc
Poulet teriyaki 106

Riz thaï
Notre poke bowl 114
Tofu teriyaki au brocoli et riz thaï 83

Romarin
Abricots pochés au romarin 166
Saint-marcellins rôtis au miel & au romarin 138

Roquette
Notre poke bowl 114
Tarte fine aux tomates & au pesto de roquette 63

S

Safran
Risotto de gambas au safran 178

Saint-marcellin
Saint-marcellins rôtis au miel & au romarin 138

Salade romaine
Salade grecque à la feta panée 74

Sauce soja
Nouilles sautées au tofu & sauce cacahuète 91
Poulet teriyaki 106
Sando au saumon 128
Sucrines aux crevettes caramélisées 48
Tagliatelles de carottes & bœuf sauté aux oignons 110
Tofu teriyaki au brocoli et riz thaï 83

Saumon
Notre poke bowl 114
Rouleaux de saumon au mascarpone 174
Sando au saumon 128
Saumon à l'orange 126
Saumon crémeux à l'aneth 132
Saumon en papillote aux poireaux & à la coriandre 121
Tartare de saumon, fromage frais & à l'avocat 117

Saumon fumé
Blinis express à la mousse de saumon & à l'avocat 47
Brioche perdue au saumon fumé & au halloumi 17

Scamorza
Potatoes toasts à la crème d'avocat & à la scamorza 39

Semoule
Crêpes mille trous 33
Toasts œuf nuage, avocat et bacon 10

Shiitaké
Ramen express 84

Spaghettis
Spaghettis aux crevettes & au curry 127
Spaghettis sauce Alfredo 72

Stracciatella
Rigatonis à la crème d'aubergine, pancetta & stracciatella 95

Sucrine
Sucrines aux crevettes caramélisées 48

T

Tagliatelles
Aiguillettes de canard au balsamique & tagliatelles 100

Tofu
Bánh mì 88
Nouilles sautées au tofu & sauce cacahuète 91
Tofu teriyaki au brocoli et riz thaï 83

Tomate
Crostinis aux tomates & à la burrata 43
Dip aubergine & paprika 44
Frittata italienne 13
Gaspacho de fraises & tomates 56
Salade shirazi en pain pita 87
Soupe glacée de tomates à la burrata 78
Tarte fine aux tomates & au pesto de roquette 63

Tomate cerise
Cabillaud à l'aïoli & légumes grillés 122
Salad jar 118
Salade grecque à la feta panée 74

Tomate séchée
Grilled cheese au pesto, mozzarella & tomates séchées 24
Mac & cheese caprese 71
Penne aux épinards & aux tomates séchées 68

Tomme de savoie
Burger à la tomme de Savoie 109

V

Vanille
Bananes rôties à la vanille 160

Vermicelles de riz
Soupe de crevettes au lait de coco 125

Vodka
Cocktail sanglant d'Halloween 171

Y

Yaourt
Smoothie bowl bananes & kiwis 27

Yaourt à la grecque
Mousse de yaourt au citron vert & fruits frais 19

Index des recettes

A

Abricots pochés au romarin 166
Aiguillettes de canard au balsamique & tagliatelles 100
Aiguillettes de poulet au cumin & patates douces rôties 102

B

Bananes caramélisées 148
Bananes rôties à la vanille 160
Bánh mi 88
Blinis express à la mousse de saumon & à l'avocat 47
Bourek poulet & crème de curry 105
Bricks pomme-cannelle 162
Brioche perdue au saumon fumé & au halloumi 17
Brochettes de kefta 113
Brownie express 144
Burger à la tomme de Savoie 109

C

Cabillaud à l'aïoli & légumes grillés 122
Chocolat chaud à l'ancienne 155
Cocktail ananas, citron & gingembre 59
Cocktail de pastèque à la menthe 59
Cocktail sanglant d'Halloween 171
Cookies express aux pépites de chocolat 152
Crème catalane 179
Crème d'olives, ricotta & basilic 52
Crèmes desserts au chocolat 161
Crêpes mille trous 33
Croque-madame aux épinards 14
Crostinis aux tomates & à la burrata 43
Curry de cabillaud au lait de coco 131

D

Dip aubergine & paprika 44
Dip betterave & ricotta 44

E-F

Egg & bacon muffins 23
Feuilletés à la coppa & au pecorino 40
Fish & chips de carotte 135
Fleurs de courgette farcies à la ricotta 53
Fondant au chocolat individuel 165
Fondants à la crème de marrons 145
Fondants au potimarron & au chocolat 170
Frittata italienne 13

G-H

Galettes de flocons d'avoine aux légumes 64
Gaspacho de fraises & tomates 56
Gâteau à l'orange et son sirop 147
Gâteau roulé à la confiture de fraises 151
Grilled cheese au pesto, mozzarella & tomates séchées 24
Houmous carotte & curcuma 46

M

Mac & cheese caprese 71
Macchiato caramel 28
Milk-shake sur le pouce 29
Mille-feuille kaki & mozzarella 182
Mini-brochettes de poulet & d'ananas 55
Mini-pissaladières 51
Mousse de yaourt au citron vert & fruits frais 19
Muffins aux myrtilles 142
Mug cake à la crème de marrons 141

N-O

Nos œufs brouillés parfaits 20
Notre poke bowl 114
Notre salade aux légumes du soleil 77
Nouilles sautées au tofu & sauce cacahuète 91
Omelette aux courgettes, feta & menthe 81

P

Pancakes à la banane 34
Papillotes de poulet aux marrons & aux pommes de terre 174
Penne aux épinards & aux tomates séchées 68
Petit déjeuner en bocal 30
Poireaux grillés, vinaigrette aux agrumes & œuf mollet 67
Porc sauté sauce satay 99
Potatoes toasts à la crème d'avocat & à la scamorza 39
Poulet teriyaki 106

R

Ramen express 84
Rigatonis à la carbonara 182
Rigatonis à la crème d'aubergine, pancetta & stracciatella 95
Rigatonis aux oignons caramélisés 73
Risotto de gambas au safran 178
Rouleaux de saumon au mascarpone 174

S

Saint-marcellins rôtis au miel & au romarin 138
Salad jar 118
Salade grecque à la feta panée 74
Salade shirazi en pain pita 87
Sando au saumon 128
Saumon à l'orange 126
Saumon crémeux à l'aneth 132
Saumon en papillote aux poireaux & à la coriandre 121
Smoothie bowl bananes & kiwis 27
Smoothie bowl fraises & noisettes express 27
Smoothie vert énergisant 18
Soupe de carottes au cumin 80
Soupe de crevettes au lait de coco 125
Soupe de nouilles au poulet épicé 103
Soupe glacée de tomates à la burrata 78
Spaghettis aux crevettes & au curry 127
Spaghettis sauce Alfredo 72
Sucrines aux crevettes caramélisées 48

T

Tagliatelles de carottes & bœuf sauté aux oignons 110
Tartare de saumon, fromage frais & avocat 117
Tarte aux framboises et à la menthe 159
Tarte fine aux tomates & au pesto de roquette 63
Tarte Tatin pêche & jambon cru 96
Tartelettes au caramel beurre salé 156
Tartelettes au chocolat & au gingembre 183
Toasts œuf nuage, avocat et bacon 10
Tofu teriyaki au brocoli et riz thaï 83

V

Velouté de potiron & croûtons à l'ail 170
Verrines aux pommes, cannelle & caramel au beurre salé 175
Verrines butternut & chorizo 178

Table des recettes

Petits déjeuners & brunchs 8

Toasts œuf nuage, avocat et bacon 10
Frittata italienne 13
Croque-madame aux épinards 14
Brioche perdue au saumon fumé & au halloumi 17
Smoothie vert énergisant 18
Mousse de yaourt au citron vert & fruits frais 19
Nos œufs brouillés parfaits 20
Egg & bacon muffins 23
Grilled cheese au pesto, mozzarella & tomates séchées 24
Smoothie bowl fraises & noisettes express 27
Smoothie bowl bananes & kiwis 27
Macchiato caramel 28
Milk-shake sur le pouce 29
Petit déjeuner en bocal 30
Crêpes mille trous 33
Pancakes à la banane 34

Apéritifs & amuse-bouches 36

Potatoes toasts à la crème d'avocat & à la scamorza 39
Feuilletés à la coppa & au pecorino 40
Crostinis aux tomates & à la burrata 43
Dip betterave & ricotta 44
Dip aubergine & paprika 44
Houmous carotte & curcuma 46
Blinis express à la mousse de saumon & à l'avocat 47
Sucrines aux crevettes caramélisées 48
Mini-pissaladières 51
Crème d'olives, ricotta & basilic 52
Fleurs de courgette farcies à la ricotta 53
Mini-brochettes de poulet & d'ananas 55
Gaspacho de fraises & tomates 56
Cocktail ananas, citron & gingembre 59
Cocktail de pastèque à la menthe 59

Plats veggie express 60

Tarte fine aux tomates & au pesto de roquette 63
Galettes de flocons d'avoine aux légumes 64
Poireaux grillés, vinaigrette aux agrumes & œuf mollet 67
Penne aux épinards & aux tomates séchées 68
Mac & cheese caprese 71
Spaghettis sauce Alfredo 72
Rigatonis aux oignons caramélisés 73
Salade grecque à la feta panée 74
Notre salade aux légumes du soleil 77
Soupe glacée de tomates à la burrata 78
Soupe de carottes au cumin 80
Omelette aux courgettes, feta & menthe 81
Tofu teriyaki au brocoli et riz thaï 83
Ramen express 84
Salade shirazi en pain pita 87
Bánh mi 88
Nouilles sautées au tofu & sauce cacahuète 91

Plats de viande ou de poisson express 92

Rigatonis à la crème d'aubergine, pancetta & stracciatella 95
Tarte Tatin pêche & jambon cru 96
Porc sauté sauce satay 99
Aiguillettes de canard au balsamique & tagliatelles 100
Aiguillettes de poulet au cumin & patates douces rôties 102
Soupe de nouilles au poulet épicé 103
Bourek poulet & crème de curry 105
Poulet teriyaki 106
Burger à la tomme de Savoie 109
Tagliatelles de carottes & bœuf sauté aux oignons 110
Brochettes de kefta 113
Notre poke bowl 114
Tartare de saumon, fromage frais & avocat 117
Salad jar 118
Saumon en papillote aux poireaux & à la coriandre 121
Cabillaud à l'aïoli & légumes grillés 122
Soupe de crevettes au lait de coco 125
Saumon à l'orange 126
Spaghettis aux crevettes & au curry 127
Sando au saumon 128
Curry de cabillaud au lait de coco 131
Saumon crémeux à l'aneth 132
Fish & chips de carotte 135

Desserts et goûters 136

Saint-marcellins rôtis au miel & au romarin 138
Mug cake à la crème de marrons 141
Muffins aux myrtilles 142
Brownie express 144
Fondants à la crème de marrons 145
Gâteau à l'orange et son sirop 147
Bananes caramélisées 148
Gâteau roulé à la confiture de fraises 151
Cookies express aux pépites de chocolat 152
Chocolat chaud à l'ancienne 155
Tartelettes au caramel beurre salé 156
Tarte aux framboises et à la menthe 159
Bananes rôties à la vanille 160
Crèmes desserts au chocolat 161
Bricks pomme-cannelle 162
Fondant au chocolat individuel 165
Abricots pochés au romarin 166

Menus de fête 168

Pour Halloween
Velouté de potiron & croûtons à l'ail 170
Fondants au potimarron & au chocolat 170
Cocktail sanglant d'Halloween 171

Pour Noël
Rouleaux de saumon au mascarpone 174
Papillotes de poulet aux marrons & aux pommes de terre 174
Verrines aux pommes, cannelle & caramel au beurre salé 175

Pour le Nouvel An
Verrines butternut & chorizo 178
Risotto de gambas au safran 178
Crème catalane 179

Pour la Saint-Valentin
Mille-feuille kaki & mozzarella 182
Rigatonis à la carbonara 182
Tartelettes au chocolat & au gingembre 183

Remerciements

Nous tenons tout d'abord à remercier chaleureusement nos abonnés, c'est grâce à vous que nous en sommes là. Un grand merci à nos parents, notre famille et nos amis pour leur soutien sans faille ! Un grand merci à ma mamie pour m'avoir transmis l'amour de la cuisine et de si belles recettes présentes dans ce livre.
Merci à Diane, notre éditrice, à Fanny et aux éditions Solar pour nous avoir fait confiance et nous avoir accompagnés tout au long de ce livre. Merci à Zoé et Blaise pour leur participation à ce projet.

Direction : Didier Férat
Direction éditoriale : Fanny Ecochard-Martin
Édition : Diane Monserat
Correction : Le Livre d'Après (Isabelle Raimond et Sophie Greloux)
Lecture : Marie-France Minuit
Graphisme : Chloé Senget
Mise en pages : Elise Godmuse
Photogravure : Chromostyle
Fabrication : Laurence Duboscq

92, avenue de France, 75013 Paris
serviceclients@lisez.com

ISBN : 978-2-263-18701-8
Code éditeur : L18701/01
Dépôt légal : juin 2024
Imprimé en France par Pollina